Prinzessin Märtha Louise und Elisabeth Samnøy

Schutzengel begleiten dich

Prinzessin Märtha Louise und Elisabeth Samnøy

Schutzengel begleiten dich

Titel der Originalausgabe:
»Møt Din Skytsengel«
Copyright © 2009 by
Prinzessin Märtha Louise und Elisabeth Samnøy
Originally published in 2009
by CAPPELEN DAMM, Norwegen
Deutsche Ausgabe: © KOHA-Verlag GmbH Burgrain
1. Auflage Mai 2010
Aus dem Norwegischen von Andrea Fischer und Janne Rognlid Krause
mit freundlicher Unterstützung von Hanne Skogen
Lektorat: Claudia Fritzsche
Fotos der Autorinnen: Mona Nordøy
Fotos S. 54, 56, 62, 64, 127, 131, 135: Fredrik Arff
S. 133: Camilla Jensen
Andere Bilder: iStockphoto, Getty Images und Scanpix
Umschlag und Layout: Ingrid Skjæraasen
Gedichte:
André Bjerke: Samlede dikt, 1940–1953. Aschehoug & Co., Oslo 1977
Henrik Wergeland: Den store dikt – og regleboka. Aschehoug & Co, Oslo 2004
Marianne Williamson: Rückkehr zur Liebe. Goldmann, München 1995
Rezepte: Camilla Jensens: Bonner og linser.
En kokebok med italienske klovner og indiske møll. Gyldendal, Oslo 2009
(Das Brotback-Rezept wurde den deutschen Gegebenheiten angepasst.)
Gesamtherstellung: Karin Schnellbach
Druck: Offizin Andersen Nexö Leipzig
ISBN: 978-3-86728-121-8

Unseren wichtigsten Lehrmeistern gewidmet:
Ulvar, Lea Caspara, Maud, Brage, Maud Angelica,
Leah Isadora und Emma Tallulah

Inhalt

Vorwort

FREUDE ÜBER EINE EHRLICHE BEGEGNUNG MIT SICH SELBST

Unser ganzes Leben lang beschäftigen wir – Märtha Louise und Elisabeth – uns schon damit, mehr über uns selbst und unser Umfeld zu erfahren. Was wir bis jetzt auf diesem Weg herausgefunden haben, hat große Veränderungen bei uns bewirkt: Es hat uns Zugang zu einer inneren Gegenwart geschenkt. So können wir unserem Leben immer wieder aufs Neue begegnen – zu unserem Besten. Wir haben in viele Gebiete hineingeschnuppert und vieles kennengelernt – von Schiffstechnik und Reiki bis hin zur Physiotherapie und zur Rosen-Methode –, bevor wir einander in einem Kurs begegneten: Dort lernten wir, mit unserem geistigen Auge zu sehen. Nach der Ausbildung trafen wir uns weiterhin regelmäßig und waren uns schließlich einig in dem Wunsch, unsere Erfahrungen und unser Wissen an andere Menschen weiterzugeben.

Also haben wir die Schule »Astarte Education« ins Leben gerufen. Grundlage des Unterrichts ist es, den Gebrauch der geistigen Werkzeuge zu erlernen. Damit meinen wir konkrete Übungen, um die geistigen Kräfte sichtbar zu machen, die in jedem Menschen schlummern.

Was ist eigentlich diese geistige Kraft? Elisabeth bekam einmal die Frage gestellt: »Bist du religiös?« »Was meint ›religiös sein‹?«, fragte sie sich. »Falls es heißt, Gott durch eine Religion zu finden, so bin ich es nicht. Wenn es jedoch bedeutet, der göttlichen Kraft in mir und um mich herum zu begegnen, so bin ich es doch.«

Aus unserer Sicht besteht ein Unterschied zwischen Religiosität und Spiritualität. Wir verstehen unter Religiosität, dass man einer Glaubensgemeinschaft angeschlossen ist; dass man deren Normen, Wahrheiten und Lebensregeln folgt und dadurch Gott begegnet. Spiritualität bedeutet jedoch, spirituelle Erlebnisse zu haben, das heißt – wenn man so will –, die universelle, göttliche Liebeskraft zu erleben. Wobei man durchaus Mitglied in einer Glaubensgemeinschaft und zugleich spirituell sein kann. Die spirituellen Werkzeuge, die wir dir an die Hand geben, sind wie eine Landkarte und ein Kompass, damit du deinen individuellen Weg findest. »Vollbringe Wunder in deinem eigenen Leben mithilfe der Engel und deiner eigenen Kraft«, lautet das Motto unserer Website. Von Anfang an ist es unser Anliegen gewesen, unsere Erfahrungen und Erkenntnisse nicht nur mit unseren Kursteilnehmern, sondern auch mit anderen Menschen zu teilen. Also wurde die Idee, ein Buch zu schreiben, Wirklichkeit: Hier ist sie, unsere »Engelsschule« – wie so viele Menschen unsere Ausbildung bereits genannt haben.

Dieses Buch baut auf den Erfahrungen auf, die wir als Lehrerinnen bei Astarte Education gemacht haben. Wir haben erkannt, wie wichtig es ist, in seinem Körper richtig anwesend zu sein, sich selbst ehrlich zu begegnen und sich mit der Erde und dem Universum zu verbinden, um diese einzigartige Begegnung mit seinem Schutzengel zu ermöglichen – einem Aspekt der universellen Liebeskraft, die uns alle umfängt.

Mithilfe geistiger Werkzeuge vollführen wir konkrete Übungen, um die geistigen Kräfte, die in jedem Menschen schlummern, sichtbar zu machen.

Dies spiegelt sich in unserem Buch wider. Wir halten es für sehr wertvoll und betonen, dass man die Verbindung zum eigenen Körper, zur Erde und zum Universum wiederentdecken muss, bevor man Kontakt mit seinem Schutzengel aufnimmt. Du wirst hier in das Aufspüren deiner eigenen Kraft mithilfe von Meditationstechniken eingeführt. Dieses Buch bietet einen theoretischen Teil mit persönlichen Geschichten sowie einen praktischen Teil mit Meditationen. Der theoretische Teil erläutert, aus welchen unterschiedlichen Schritten die Meditation besteht; die persönlichen Geschichten über uns selbst und andere sollen unsere Theorien mit praktischen Beispielen belegen. Die persönlichen Geschichten wurden hier anonym eingeflochten, aber wir haben für jede einzelne die Zustimmung zum Abdruck in diesem Buch erhalten.

Unsere Basismeditation heißt »Geschenk an dich selbst«. Die unterschiedlichen Teile dieser Meditation werden detailliert beschrieben. Am Ende bilden die Einzelschritte eine komplette, im Alltag dienliche Meditationseinheit. Sobald du Übung hast, kannst du sie in wenigen Sekunden durchführen. Sie bildet daher immer den Ausgangspunkt vor dem nächsten Schritt.

Ganz hinten im Buch haben wir einige Tipps und Ratschläge angefügt, die uns selbst damals als Meditationsanfängerinnen fehlten. Falls du unterwegs stecken bleibst, werden sie dir hoffentlich helfen. Zur Unterstützung haben wir auch eine Audio-CD produziert, die alle Meditationen enthält (»Schutzengel begleiten dich – Meditationen«).

Du kannst jemanden bitten, dir die Texte vorzulesen, oder sie selbst auf MP3 aufnehmen. Es ist überhaupt eine gute Idee, die Meditationen anzuhören: So wirst du nicht dadurch abgelenkt, dass du die Schritte auswendig lernen oder ständig ins Buch schauen musst.

Solltest du die Erwartung haben, dass du durch dieses Buch intellektuell zufriedengestellt wirst, müssen wir dich enttäuschen. Natürlich musst du deinen Verstand einsetzen, um die Zusammenhänge im theoretischen Teil zu begreifen. Beim Meditieren ist es jedoch wichtig, dass du die Erfahrungen einfach geschehen lässt, wie sie kommen, ohne dass sich der Verstand einschaltet und mittendrin oder auch im Nachhinein die Kontrolle übernimmt. Falls du diesem Buch nur mit dem Verstand begegnen kannst, entgeht dir der Sinn hinter all den Worten: eine Begegnung mit dir selbst.

Das Wichtigste, was wir dir vermitteln möchten, sind die Freude und die Spannung, die in der ehrlichen Begegnung mit dir selbst liegen. Sobald du das erreicht hast, findest du bisher ungeahnte Qualitäten in dir. Erinnerst du dich noch daran, wie es war, als Kind auf Schatzsuche zu gehen? Jetzt hast du die Möglichkeit, mit demselben Eifer und Kribbeln im Bauch einen Schatz aufzuspüren. Aber diesmal bist du der Schatz, den es zu entdecken gilt.

Das Wichtigste, was wir dir vermitteln möchten, sind die Freude und die Spannung, die in der ehrlichen Begegnung mit dir selbst liegen.

»Grenzen? Ich habe weder jemals welche gesehen,
noch habe ich gehört, dass man sie in den Gedanken
bestimmter Menschen findet.«

THOR HEYERDAHL, ENTDECKER (1914–2002)

Die Chakras

WIR MENSCHEN SIND MIT SINNEN AUSGESTATTET, MIT DENEN WIR DIE PHYSISCHE WELT UM UNS HERUM ERLEBEN. Daher übersieht man leicht, dass die Welt aus mehr besteht als nur aus dem, was wir tasten und fühlen können. Wir beide, Märtha Louise und Elisabeth, glauben dennoch, dass eine Dimension existiert, die in und außerhalb des Physisch-Materiellen liegt: die *energetische* Dimension. Außerdem sind wir der Meinung, dass alles auf der Welt aus Energie und physischer Substanz zugleich geschaffen ist.

Zerlegen wir Materie in ihre kleinsten Bausteine, so besteht sie aus Atomen. Laut dem Mathematiker und Physiker Niels Bohr (1885–1962) bestehen Atome aus Protonen und Neutronen – die den Atomkern bilden – sowie Elektronen. Protonen besitzen eine positive Ladung, Neutronen haben keine und Elektronen eine negative Ladung. Die Elektronen wirbeln um die Kerne aus Protonen und Neutronen herum, so wie Planeten in einem Sonnensystem um eine Sonne kreisen. Diese Pole und ihre unterschiedlichen Zusammensetzungen sind also gleichsam Schöpfer molekularer Strukturen, wie jenseitige Formgeber all des Physischen um uns herum.

Gemäß Forschern wie Bruce Lipton (* 1944) bestehen Atome dagegen aus unendlich kleinen Energiewirbeln. Aus der Ferne betrachtet sähen Atome aus, als hätten sie eine unscharfe Hülle.

Aus der Nähe könnte man gar nichts erkennen, denn Atome haben keine physische Struktur. Wenn Wissenschaftler die physischen Partikel eines Atoms, wie Masse und Gewicht, erforschen, sehen die Atome aus wie physische Materie und verhalten sich auch so. Beschreiben sie dasselbe Atom jedoch hinsichtlich seines Ladungspotenzials und seiner Wellenlänge, weisen sie auf die Qualitäten und Bestandteile von Energie hin. Unsere Bausteine bergen somit Energie *und* physische Substanz, wie Albert Einstein (1879–1955) herausfand. Er hat entdeckt, dass wir in einem unteilbaren, dynamischen Ganzen von Energie leben und Materie so dicht verwoben ist, dass man darin unmöglich selbstständige Elemente ausmachen kann

Wir können dies in der Praxis beispielsweise daran ablesen, wie eine Glühbirne funktioniert: An sich sind Glühbirnen physisch; aber ohne dass Elektrizität (also Energie) durch sie hindurchströmt, leuchten sie nicht. So ist das mit uns Menschen auch: Unser physischer Körper ist ohne Energie nicht lebensfähig. Wir sehen, wie Energien dazu beitragen, dass im Physischen etwas erfolgt, etwa am Zusammenspiel zwischen Nervenimpulsen und Muskeln. Nervenimpulse laufen als elektrische Signale entlang den Nervenbahnen von und zum Gehirn und bis in die Muskeln des Körpers hinein, sodass diese sich zusammenziehen und eine Bewegung ausführen. Darüber hinaus erfüllen die spezifischen Impulse unseren Körper mit Energie. Diese Lebensenergie ist in allem Leben vorhanden. In Indien nennt man Energie *Prana*, in China heißt sie *Chi* und in Japan *Reiki*. In der

In Indien nennt man Energie *Prana*, in China heißt sie *Chi* und in Japan *Reiki*. In der westlichen Tradition wird sie oft als *vitale Lebenskraft* bezeichnet.

Das Wort »Chakra« entstammt dem Sanskrit, der altindischen Sprache, und bedeutet »wirbelnde Scheibe« oder »Rad«.

westlichen Tradition wird sie oft als *Geist* oder *vitale Lebenskraft* bezeichnet. Damit die Energien mit dem physischen Körper kommunizieren können, gibt es spezielle »Portale« oder Energiepunkte im Körper.

Ein Chakra ist ein solcher Energiepunkt oder ein »Energieportal«. Diese Kontaktstellen zwischen dem Physischen, dem Psychischen und der geistigen Energie sind an verschiedenen Orten im Körper vorhanden. Wir kennen die Chakras bereits seit Tausenden von Jahren, doch erst im Verlauf des 6. Jahrhunderts haben wir im Westen detaillierte Kenntnisse über sie erlangt. Chakras waren jedoch nicht nur in östlichen Völkern bekannt, sondern auch in indianischen Kulturen. Die populärste Beschreibung ist uns aus Indien beziehungsweise aus der Tradition des Yoga überliefert. Das Wort »Chakra« entstammt dem Sanskrit, der altindischen Sprache, und bedeutet »wirbelnde Scheibe« oder »Rad«. Diese unterschiedlichen Räder drehen sich bei Mann und Frau jeweils in entgegengesetzter Richtung.

TRADITIONELLE BESCHREIBUNG DER CHAKRAS

Im Energiesystem des menschlichen Körpers gibt es Hunderte von Chakras unterschiedlicher Stärke. Sie sind über den gesamten Körper verteilt: kleine Chakras in jedem Gelenk, in den Händen, in den Füßen, in den inneren Organen und so weiter. Als Hauptenergiezentren gelten traditionell die sieben Chakras, die sich an der Wirbelsäule entlangreihen: vom unteren Becken über das Rückenmark bis ganz hinauf zur Scheitelmitte.

Unterhalb des Beckens liegt das Wurzel- oder Basischakra.
Direkt unter dem Nabel sitzt das Sakral- oder Sexualchakra.
In den Eingeweiden direkt unter dem Brustbein befindet sich
das Solarplexuschakra.
Mitten im Brustbein sitzt das Herzchakra.
Im Kehlkopfbereich ist das Hals- oder Kehlchakra.
Mitten auf der Stirn sitzt das Stirnchakra – oft auch als »Drittes Auge« bezeichnet.
Im Scheitelpunkt des Kopfes befindet sich das Scheitel- oder Kronenchakra.

Fällt Licht auf ein Prisma, so bricht es sich in Farben von Rot bis Violett. Dabei vibriert das Rot am langsamsten und das Violett am schnellsten. So baut sich bei den Chakras ebenfalls eine Farbskala auf – wie ein Regenbogen. Chakras rotieren in unterschiedlicher Geschwindigkeit und beschreiben somit unterschiedliche Farben. Die Chakras, die sich am langsamsten drehen, sind am engsten mit dem Körper und dem Physischen verknüpft. Die sich am schnellsten drehenden Chakras sind mit dem Spirituellen verbunden.

Jedes Chakra steht mit einem anderen Teil des physischen Körpers in Verbindung. Ein Ungleichgewicht in einem der Chakras kann zu körperlichem Missbehagen führen. Umgekehrt kann ein körperliches Leiden eine Störung des Gleichgewichts in den Chakras hervorrufen. Wir wollen hier hinsichtlich der Frage, welche Teile des Körpers mit den unterschiedlichen Chakras verknüpft sind, nicht in die Tiefe gehen, sondern begnügen uns damit, auf die jeweilige Farbe, Körperdrüse und den zugehörigen Bereich zu verweisen.

■ WURZELCHAKRA

Farbe: Rot
Bereich: Erde (Kontakt mit der Erde); Fähigkeit, die
    Grundbedürfnisse im Leben abzudecken
Körperdrüse: Nebennieren

■ SAKRALCHAKRA

Farbe: Orange
Bereich: Sexualität, Kreativität, Schöpferkraft
Körperdrüse: Eierstöcke / Hoden

■ SOLARPLEXUSCHAKRA

Farbe: Gelb
Bereich: Persönliches Kraft- und Willenszentrum;
    Selbstverwirklichung
Körperdrüse: Bauchspeicheldrüse

■ HERZCHAKRA

Farbe: Grün
Bereich: Eigenliebe, Selbstwertgefühl, Nächstenliebe und
    die universelle Liebe
Körperdrüse: Thymusdrüse

■ KEHLKOPFCHAKRA

Farbe: Blau
Bereich: Kommunikation; Selbstausdruck;
    »Wer bin ich?«
Körperdrüse: Schilddrüse

■ STIRNCHAKRA (DRITTES AUGE)

Farbe: Indigo
Bereich: Sehen – sowohl physisch als auch
    intuitiv
Körperdrüse: Hypophyse

■ KRONENCHAKRA

Farbe: Violett
Bereich: Das geistige Ich; Kontakt mit dem
    Universum und mit Gott; All-Einssein
Körperdrüse: Epiphyse

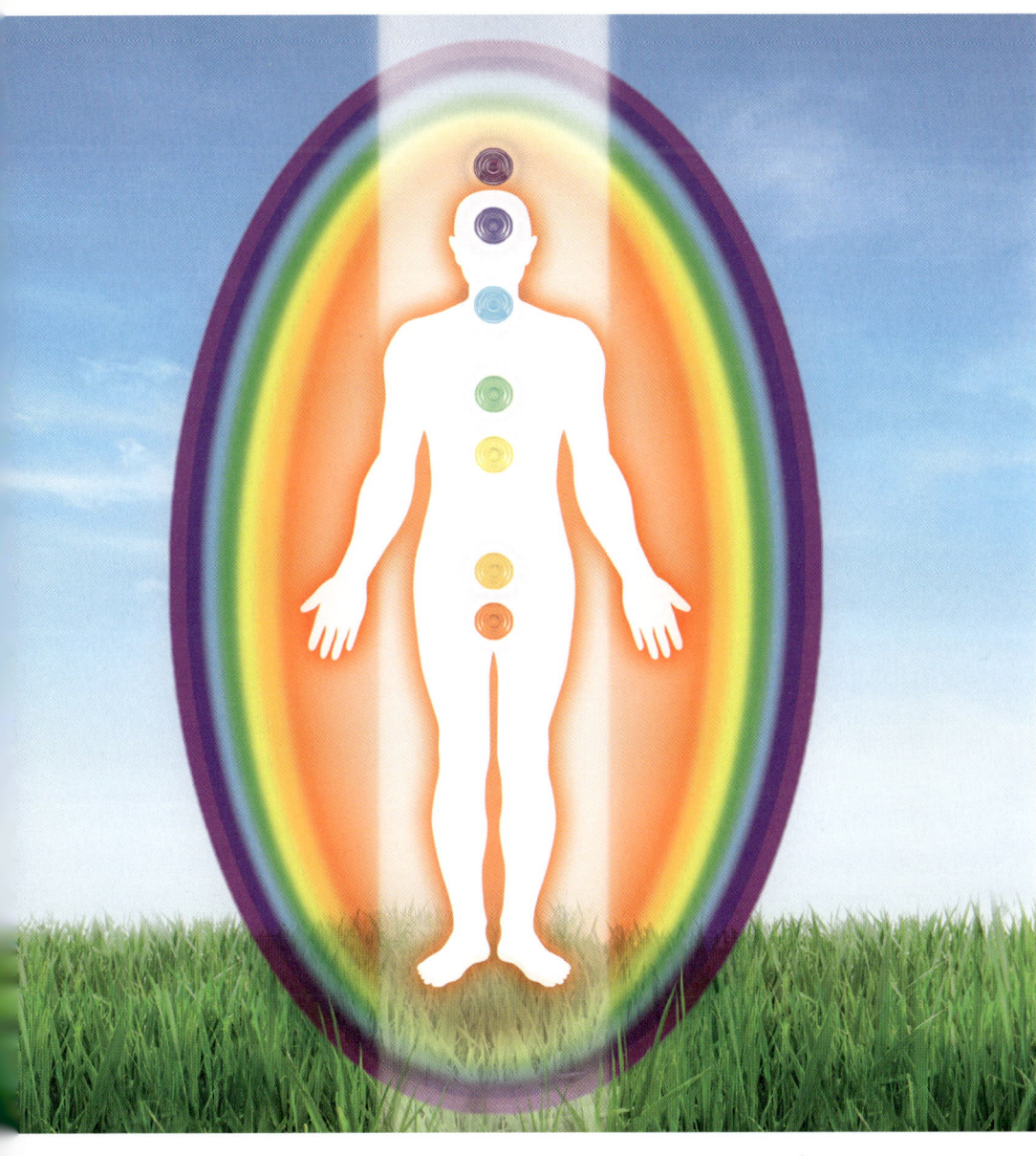

Die sieben Chakras

Jedes Chakra steht mit einem anderen Teil des physischen Körpers in Verbindung.

Wenn Energien
durch die
Chakras fließen,
können kleine
und große
Ereignisse
geschehen.
Wenn du
die Furcht
losgelassen hast,
gelangst du zu
deiner Intuition
und an dein
Potenzial.

Haben wir eine Idee, so kommt sie über das Kronenchakra herein und wird danach durch alle Chakras hinuntergeleitet, um sie zu nähren und auch zu erden, wie es dann tatsächlich über das Wurzelchakra geschieht. Während unseres Lebens machen wir alle schwere Zeiten und Ereignisse durch, die sich im Körper als Traumata festsetzen: In unserem physischen Körper spüren wir sie in Form von Verspannungen, während sie sich in unseren Energiekörpern als Ungleichgewicht oder als Blockade in den Chakras bemerkbar machen. Die Idee muss also auf ihrem Weg alle Schichten von angesammelter und nicht verarbeiteter Materie sowohl körperlicher als auch psychischer und geistiger Art passieren. Das hat zur Folge, dass jede einzelne Idee einige Anteile an Furcht, Minderwertigkeitskomplexen oder anderen Illusionen aufnimmt, bevor sie zu einer neuen Schicht gelangt. Wenn Ideen schließlich in die Wirklichkeit kommen, sind sie oft ganz anders als bei ihrem Ursprung.

Vielleicht hast du selbst einmal erlebt, dass du eine glänzende Idee hattest. Doch nachdem sich der Verstand eingeschaltet oder dich die Furcht befallen hat, verurteilst du die Idee dazu, kein Lebensrecht zu haben, und verwirfst sie. Falls du dennoch beschließt, sie zu verwirklichen, beschneidest du sie, bis du glaubst, dass die Menschen sie begreifen und sie sich innerhalb der akzeptierten Normen hält. Insofern ist es wichtig, mit diesen Blockaden in Kontakt zu kommen und sie aufzulösen, damit die Chakras möglichst optimal funktionieren. Wenn Energien durch die Chakras fließen, können kleine und große Dinge geschehen. Hast du die Furcht losgelassen, gibst du damit deiner Intuition und deinem Potenzial eine Chance. Indem du deiner Intuition folgst, ergreifst du die Möglichkeit, mit Menschen in Kontakt zu treten, mit denen du sonst niemals gesprochen hättest. Bei dieser Gelegenheit kann sich herausstellen, dass der Betreffende sich mit denselben

Dingen beschäftigt wie du. Oder derjenige kennt jemanden, der sich ebenfalls damit befasst. Und die beiden haben zufällig Kontakte, mit deren Hilfe die ursprüngliche Idee sich realisieren lässt.

Ereignisse wie dieses nennen wir »göttliche Zufälle«, weil man sie erleben kann wie kleine und große Wunder mitten im Alltag. Wenn Blockaden ihren Griff lockern, entscheide dich für das, was zur Verwirklichung deiner ursprünglichen Idee im Leben führt. Dann bist du im Fluss und lebst nach deinen eigenen Vorstellungen.

MODERNE BESCHREIBUNG DER CHAKRAS

In der heutigen Zeit vollzieht sich eine Veränderung auf Erden, was den Energie-zufluss betrifft. Dieser wechselt auch in eine neue, raschere Energiestruktur. Wenn wir ein schnelleres Auto haben möchten, müssen wir jedoch unter anderem den Motor austauschen, um das zu erreichen. Auch die übrigen Teile müssen effektiver arbeiten, damit sie mit dem neuen Motor Schritt halten können. Dasselbe gilt für unseren Energiekörper. Daher werden immer mehr Kinder geboren, die in der alternativen Szene »Indigokinder« oder »Kristallkinder« genannt werden. (Wobei die Bezeichnung »Kinder« in diesem Fall auch Erwachsene mit einschließt.) Nach unserer Ansicht weicht der Aufbau ihrer Chakras vom traditionellen ab.

Indigokinder haben ihren Namen aufgrund ihrer indigofarbenen Aura erhalten. Es gibt drei Charakteristiken: Wurzel- und Sakralchakra vereinen sich im Sakralchakra. Solarplexus-, Herz- und Halschakra vereinen sich im Herzchakra, Kronenchakra und Drittes Auge vereinen sich im Dritten Auge. Die Chakras der Indigokinder haben begonnen, mehr wie ein Ganzes zu arbeiten, das heißt, sie drehen sich in nahezu derselben Geschwindigkeit. Einfach ausgedrückt ließe

Wenn Blockaden ihren Griff lockern, entscheide dich für das, was zur Verwirklichung deiner ursprünglichen Idee im Leben führt. Dann bist du im Fluss und lebst nach deinen eigenen Vorstellungen.

sich sagen, dass die Chakras der Indigokinder keine unterschiedlichen Farben besitzen, anders als es beim System der sieben Chakras der Fall ist.

Bei den Indigokindern haben die Chakras alle dieselbe Grundfarbe und unterscheiden sich durch deren verschiedene Nuancen. Diese Chakrazonen korrespondieren mit dem Körper, vereinen sich also zum:

■ SAKRALCHAKRA
Farbe: Helles Indigo
Bereich: Erdung (Kontakt mit der Erde); Fähigkeit, die Grundbedürfnisse des
    Lebens abzudecken; Sexualität, Kreativität und Schöpferkraft
Körperdrüsen: Nebenniere, Eierstöcke/Hoden

■ HERZCHAKRA
Farbe: Mittleres Indigo
Bereich: Persönliches Kraft- und Willenszentrum; Selbstverwirklichung;
    Eigenliebe und Selbstwertgefühl; Nächstenliebe und die universelle Liebe;
    Kommunikation; »Wer bin ich?«; Selbstausdruck
Körperdrüsen: Bauchspeicheldrüse, Thymusdrüse und Schilddrüse

■ STIRNCHAKRA (DRITTES AUGE)
Farbe: Indigo
Bereich: Sehen – sowohl physisch als auch intuitiv; das geistige Ich; Kontakt
    mit dem Universum und mit Gott; All-Einssein
Körperdrüsen: Hypophyse und Epiphyse

Indigokinder

Bei den Indigokindern haben die Chakras alle dieselbe Grundfarbe und unterscheiden sich durch deren verschiedene Nuancen.

Kristallkinder heißen so, weil ihre Energie an die von Kristallen erinnert. Bei Kristallkindern vereinen sich die drei Chakras der Indigokinder zu einem Chakra: zum Herzchakra. Das Herzchakra ist folglich – verglichen mit den anderen Chakra-Systemen – etwas Größeres. Es besitzt eine offene Struktur, sodass die Körperfunktionen gleichzeitig arbeiten – als *ein* Impuls. Deshalb können Kristallkinder etwas manifestieren, das sie sich innig wünschen.

Wir können den unterschiedlichen Aufbau der Chakras mit dem Versand eines Briefes über den normalen Postweg, mit einer analog verschickten E-Mail sowie mit einer Breitbandzustellung über einen größeren Verteiler vergleichen. Das System der sieben Chakras ist einem Brief vergleichbar: Er passiert mehrere Abteilungen, und es braucht etwas Zeit, bevor er sein Ziel erreicht.

Das System der Indigokinder mit den drei Chakras ist vergleichbar mit dem analogen Versand mit Absender, Empfänger und Übermittler beim Verschicken als E-Post im Einzelverfahren. Das System der Kristallkinder mit einem einzigen Chakra lässt sich mit einem Serienbrief vergleichen, bei dem mehrere Arbeitsschritte parallel ausgeführt werden und sehr rasch ablaufen.

Dank unserer Erfahrung als Lehrerinnen und aufgrund unseres Kursbetriebs können wir sagen: Manche Menschen glauben irrtümlich, sie hätten ein Sieben-Chakras-System. Indigo- und Kristallkinder besitzen oft eine starke Intuition, und ihre Wahrnehmungsfähigkeit reicht weit über die Norm hinaus. Da dies häufig Menschen in ihrem Umfeld irritiert, versuchen die Kinder, diese Qualität zu unterdrücken und sich den Menschen in ihrer Umgebung anzupassen.

Kristallkinder

Ihre Energie
erinnert an die
Energie von
Kristallen.

Indigo- und Kristallkinder besitzen oft eine starke Intuition, und ihre Wahrnehmungsfähigkeit reicht weit über die Norm hinaus.

ELISABETH:
Solange ich mich zurückerinnern kann, habe ich mich immer andersartig gefühlt. Vieles wurde mir klar, sobald ich die spirituelle Seite in mir ernst nahm und damit begann, nach geistigen Aspekten zu leben. Dennoch vermisste ich etwas Undefinierbares. Selbst als ich versuchte, die Chakra-Systeme bei meinen Mitmenschen zu sehen und nachzuahmen, verstärkte das oft die Einsamkeit und das Gefühl, mein eigenes Leben nicht im Griff zu haben – obwohl es von außen betrachtet so aussah, als ginge es mir gut. Das Wurzelchakra und die energetische Verbindung von dort zur Erde fühlten sich schwerfällig an. Das stimmte für mich nicht. Und so war meine Erleichterung an jenem Tag wirklich groß, als ich entdeckte, dass es mehr als ein Chakra-System gibt. Zum ersten Mal in meinem Leben habe ich erfahren, dass ich hier auf der Erde und in meinem eigenen Körper zu Hause war. Ich konnte in diesem für mich stimmigen Chakra-System schwingen.

Hast du ein anderes Chakra-System als deine Mitmenschen, so halte dich weder für besser noch für schlechter als sie. Alle Chakra-Systeme haben denselben Stellenwert. Dennoch ist es wichtig, dass jeder seinen individuellen Energieaufbau herausfindet. Ob es sich dabei um das Ein-Chakra-System, das Drei-Chakras-System oder das Sieben-Chakras-System handelt, spielt keine Rolle.

Alle Chakra-Systeme haben denselben Stellenwert.

Nach unserer Erfahrung sind wir Menschen mit einem inneren Kompass ausgestattet – oder, wenn man so will, mit einem Autopiloten. Man kann dieses Phänomen auch als »Bauchgefühl« oder »Intuition« bezeichnen – oder man umschreibt es mit der Metapher »dem eigenen Stern folgen«.

Der Körper

SEI IN DEINEM EIGENEN KÖRPER ANWESEND!

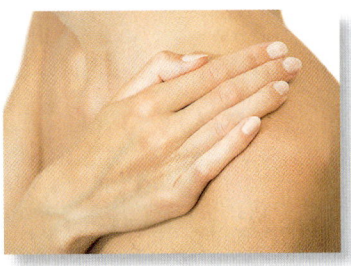

DIE UNTERSCHIEDLICHEN CHAKRA-SYSTEME HABEN EINEN GEMEINSAMEN NENNER: DAS HERZCHAKRA. Über das Herz können alle Chakra-Systeme gleichwertig teilnehmen. Um uns unserem Herzen zu nähern, müssen wir mit unserem Körper in Kontakt treten und die Kommunikation wieder aufnehmen. Wir sprechen von »wieder aufnehmen«, weil die meisten Menschen ursprünglich als Kinder mit ihrem Körper kommuniziert haben. Doch aufgrund von Verspannungen, Traumata und der Tatsache, dass wir unser Hauptaugenmerk auf die Vernunft richten, wie die Gesellschaft es von uns fordert, vernachlässigen wir die Kommunikation mit unserem Körper.

Wie erkennst du beispielsweise, dass du nervös bist? Ja, du merkst vielleicht, dass sich ein Druck auf den Magen legt; du bekommst feuchte Hände; womöglich zittern dir die Knie. All dies sind Informationen des Körpers. Er sagt, dass du dich in einer Situation nicht wohlfühlst. »Nichts wie weg hier!«, denkst du. Wenn der Körper erschöpft ist, wirst du schlapp. Braucht der Körper Nahrung, verspürst du Hunger. Im Lauf eines Tages kommunizierst du vielleicht schon öfter und intensiver mit deinem Körper, als dir selbst bewusst ist.

UNSER INNERER KOMPASS

Nach unserer Erfahrung sind wir Menschen mit einem inneren Kompass ausgestattet – oder, wenn man so will, mit einem Autopiloten. Man kann dieses Phänomen auch als »Bauchgefühl« oder »Intuition« bezeichnen – oder man umschreibt es mit der Metapher »dem eigenen Stern folgen«. Dieser Kompass leitet dich in schwierigen Situationen oder bei täglichen Entscheidungen, sodass du dein Leben nach deinen eigenen Kriterien oder deinen eigenen Vorstellungen führst. Das kann sich so äußern, dass du einfach weißt, was für dich richtig ist; dass du *siehst,* hier ist eine Alternative klarer als die anderen; dass du irgendeine Antwort *hörst;* dass du *fühlst,* in welche Richtung deine Füße gehen wollen.

Entsprechend der Entscheidung, wie wir unsere Gesellschaft aufbauen, haben wir auch gelernt, über die kleinen Hinweise des Körpers hinwegzusehen. Ganz konkret unterdrücken beispielsweise viele Menschen die Hungersignale des Körpers mithilfe einer Unzahl von Diäten. Und für viele ist es wichtiger, einen Beruf zu wählen, der Sicherheit bringt, als den Traum zu verfolgen, der eigentlich in ihnen lebt. Je mehr Hinweise unseres Körpers wir übersehen, desto weiter entfernen wir uns von dem Weg, den wir ursprünglich gehen wollten. Wir verschließen uns den Signalen des Körpers und leben so, wie andere es für uns als richtig erachten. So verlieren wir allmählich unsere ursprüngliche Kommunikation mit unserem Körper.

Natürlich gibt es viele Gründe, warum sich Menschen der bewussten Wahrnehmung verschließen. Es mag sein, dass du als Kind ein Trauma erlitten hast. Vielleicht wurdest du nicht beachtet; du wurdest nicht genug geliebt; du warst einsam; ein Mitglied deiner Familie ist gestorben; du hast psychische und/oder physische Übergriffe erduldet.

Um uns unserem Herzen zu nähern, müssen wir mit unserem Körper in Kontakt treten und die Kommunikation wieder aufnehmen.

Dein Schmerz wird dadurch so groß, dass es dich schließlich große Anstrengung kostet, voll und ganz in deinem Körper zu sein, denn wenn du dort bist, spürst du diesen unverarbeiteten Schmerz. Womöglich lernst du, ihn nicht mehr zuzulassen. Oder er wird so groß, dass du beschließt, dich weitgehend aus deinem Körper zurückzuziehen und nur noch mit einem kleinen Teil deiner selbst darin zu bleiben. Stress kann ebenfalls ein ausschlaggebender Faktor sein. Bei der Ausübung all der verschiedenen Aktivitäten, die in deinem Terminkalender stehen, kannst du leicht den Kontakt mit dir selbst verlieren.

Viele Menschen leben ihr Leben zum Teil außerhalb ihres Körpers. Vielleicht hast du es schon erlebt, dass du dich selbst von außen gesehen hast – entweder, dass du auf dich selbst herabschauen konntest oder dass du »neben dir gestanden« hast, wie es sogar in einer Redewendung heißt. Du hast sie vielleicht schon selbst gebraucht, ohne zu überlegen, dass du buchstäblich neben dir stehst. Dann ist es auch schwieriger, mit dem Körper zu kommunizieren. Du stehst neben dir, weil du nicht in Kontakt mit dem Schmerz kommen willst, aber auch, weil du nicht mit deinem ganzen Selbst im Körper bist. Daher erkennst du die kleinen Hinweise noch schlechter. Folglich besteht der erste Schritt darin, wieder Kontakt mit deinem Körper aufzunehmen, damit du dir bewusst wirst, wo du tatsächlich bist.

Werde dir bewusst, wo du tatsächlich bist.

MEDITATION:

Körper-
bewusstsein

Setz dich aufrecht und bequem hin, schließ die Augen und atme einige Male tief ein und aus.

Spür hin, wo in deinem Körper du dich gerade mit deinem Bewusstsein befindest:

Bist du in deinen Zehen?

Bist du nur im oberen Teil deines Körpers? Oder im unteren?

Bist du mehr im rechten Teil deines Körpers als im linken?

Bist du in deinem Bauch?

Spür dem eine Weile nach.

Werde dir bewusst, wo außerhalb deines Körpers du bist:

Bist du über deinem Körper?

Bist du unter deinem Körper?

Bist du auf der rechten oder auf der linken Seite deines Körpers?

Bist du vor oder hinter deinem Körper?

Danke dir selbst für das, was du gerade getan hast.

Danke deinem Körper für alles, was er dir gezeigt hat.

Wenn du bereit bist, öffne deine Augen wieder.

Mit dem Körper kommunizieren – das ist, als frischte man eine Sprache auf, die man schon lange nicht mehr gesprochen hat...

Vielleicht fällt es dir schwer, zu erkennen, was du während der Meditation erlebt hast: ob es Einbildung oder Wirklichkeit war. Ja, diese Unterscheidung ist tatsächlich nicht leicht. Wir schlagen dir vor, im Zweifelsfall zu deinen Gunsten zu entscheiden. Vertraue darauf, dass das, was du erlebst, deine Realität ist. Deine Kommunikation mit dem Körper. Möglicherweise kannst du überhaupt nichts erleben? Wisse: Auch dies stellt eine bestimmte Art von Information für dich über dich selbst dar. Ganz gleich auch, ob du während der Meditation nur fantasierst: Es ist dennoch eine Information für dich über dich selbst.

Mit dem Körper kommunizieren – das ist, als frischte man eine Sprache auf, die man schon lange nicht mehr gesprochen hat: Du erinnerst dich zwar noch bruchstückhaft daran, weißt aber nicht mehr, was das Ganze bedeutet. Zuweilen überrascht dich die Art deiner Erfahrungen. Oder du hast den Eindruck, überhaupt nichts zu erleben. Wisse, dass dies eine Information für dich selbst zu dem Thema ist, mit dem du dich gerade beschäftigst. Beim nächsten Mal, wenn du die Übung wiederholst, empfindest du möglicherweise etwas völlig anderes. Das rührt daher, dass du dich bei deinen Erlebnissen nicht immer am selben Ort und in der gleichen Ausgangssituation befindest. Kein Erlebnis ist falsch oder richtig. Ganz gleich, was du in deiner Meditation erfahren hast: Lass es dein Erlebnis sein – und lass es da sein, ohne dass du deinen Verstand einschaltest und das Ganze analysierst.

MÄRTHA:

Erst als Erwachsener ist mir klar geworden, dass ich außerkörperliche Erfahrungen gemacht habe. Es geschah eines Tages, als ich ein wenig »daneben« und wie üblich von meinen Gefühlen abgeschnitten war. Eine Freundin fragte mich, wo ich denn eigentlich sei. Denn bei ihr, so bemängelte sie, sei ich jedenfalls nicht. Das hat dazu geführt, dass ich mich selbst mit neuen Augen betrachtete. Ich entdeckte plötzlich, dass ich mich im Alltagsleben von oben sah. Wenn ich dachte, ich sei in meinem Körper, war ich – wie ich jetzt erkannte – nur in meinem Kopf und in meinem Brustbereich, aber nie in den Beinen. Das hat bei mir zu einem neuen Körperbewusstsein geführt.

In der vorangegangenen Meditation hast du vielleicht die Information erhalten, dass du nicht zu hundert Prozent in deinem Körper anwesend bist. Du hast vielleicht deinen Körper bis zum Hals- oder Brustbereich gespürt. Oder du warst nur in der einen Hälfte deines Körpers. Oder auch in einem deiner großen Zehen. Vielleicht hast du eine Linie oder eine Grenze bemerkt, die du nicht durchbrechen konntest, die dich daran gehindert hat, mehr Platz in dir einzunehmen? Dies kann ein Schutzmechanismus sein, den du in der Vergangenheit errichtet hast, um damals nichts Unangenehmes spüren zu müssen – wie etwa alte Sorgen, alten Ärger, Einsamkeit oder irgendetwas anderes, von dessen Vorhandensein nur du weißt.

Traumata können sich im Körper in Form von Muskelverspannungen festsetzen. Du weißt bestimmt, wie es ist, wenn vor einer Prüfung das Spannungsniveau im Körper steigt: Du bekommst einen steifen Nacken, die Schultern verkrampfen sich und im Magen bildet sich ein »Kloß«.

Traumata können sich im Körper in Form von Muskelverspannungen festsetzen.

Wenn der
Körper die
Traumata
in Form
körperlicher
Verspannungen
nicht loslässt,
halten wir
dieselben
Verspannungen
auch auf der
energetischen
Ebene.

Mit dem Ende der Prüfung verschwinden auch die Verspannungen. Doch was die Traumata betrifft – diese lösen sich nicht immer in Luft auf. Der Körper lässt sie nicht los. So schützt sich der Körper vor dem, was in der Vergangenheit Schwierigkeiten bereitet hat.

Wie wir bereits erwähnt haben, sind die Atome im Körper sowohl physischer (weil sie eine Form haben) als auch energetischer Natur (weil sie eine Frequenz besitzen). Das heißt, alles in unserem Körper ist sowohl physisch als auch energetisch. Wenn der Körper die Traumata in Form körperlicher Verspannungen nicht loslässt, halten wir dieselben Verspannungen auch auf der energetischen Ebene. Das heißt, dass wir dieselben Verspannungen sowohl mithilfe von körperlicher Berührung als auch mit Energiearbeit, also Meditation, alternativen Heilmethoden, Readings oder Ähnlichem, auflösen können. Unterschiedliche Herangehensweisen können zum selben Ergebnis führen.

Was ist es, das den Rest deines Körpers ausfüllt, in dem du nicht selbst anwesend bist? Was ist diese »Füllmasse«, die in dir war, aber nicht du selbst bist? Die Antwort kennst nur du. Dahinter können Erlebnisse und Wahrheiten anderer Menschen stecken, die du dir zu eigen gemacht hast und nach denen du jetzt lebst, oder die Energien anderer. Damit meinen wir die Denkweise anderer Menschen, oder ihre Art, die Welt zu erleben – eine Art, die nicht notwendigerweise deine eigene ist: die Opferrolle deiner Mutter, die Strenge deines Vaters, die Beurteilung durch deinen Lehrer. Es kann alles Mögliche sein. Vergiss nicht, hinter alledem liegt dein großes, wahres Potenzial verborgen.

MÄRTHA:

Als ich meine Ausbildung in der Rosen-Methode gemacht habe, hatte ich
Angst davor, in mein Innerstes vorzudringen. Denn ich war davon überzeugt,
dass ich ganz tief in mir ein böser Mensch sei, und fürchtete, mein wahres
Ich würde ans Licht kommen. Aber als ich mich eines Tages traute, diese Tür
zu öffnen, und mir selbst Auge in Auge gegenüberstand, fand ich in meinem
Inneren nur Liebe vor. Eine Liebe zu mir selbst und zur Welt, die ich nicht
zu zeigen gewagt hatte, aus Angst, sie könnte mir wieder genommen werden.
Daher hatte ich vor den furcherregenden Gedanken, Bildern und Gefühlen
eine Art Mauer aufgebaut. Im Umgang mit mir selbst und in der Begegnung
mit anderen habe ich erfahren: Wir fürchten uns oft am meisten davor, dass
gerade das, was wir tief in unserem Innersten versteckt halten, entdeckt und
uns daher weggenommen werden könnte. Was wir verbergen, ist nicht unsere
schlechte Seite, sondern vielmehr unsere Größe und die Liebesenergie, die wir
in uns tragen.

In der vorangegangenen Meditation hast du Informationen darüber
bekommen, wo *in* deinem Körper und *außerhalb* davon du bist. Wenn wir
jetzt fortfahren, sei dir darüber im Klaren, dass du die gleiche Erfahrung noch
einmal machen kannst – oder auch eine ganz andere. Beides ist gleich gut
und richtig. Du brauchst nur eines zu tun: Die Begegnung mit dir selbst zu
wagen. Falls du merkst, dass du dich nicht völlig traust, so ist auch dies eine
Information für dich über dich selbst.

Du brauchst nur eines zu tun: Die Begegnung mit dir selbst zu wagen.

MEDITATION

Widerstände ausatmen

Setz dich aufrecht und bequem hin und schließ die Augen.

Beginne, tief ein- und auszuatmen.

Mit jedem Einatmen nimm mehr von dir selbst und von deiner eigenen Energie auf.

Mit jedem Ausatmen lass alle Widerstände los – auch fremde Energien
und Einflüsse anderer Menschen oder sonstige Gefühle, die auftauchen.

Atme eine Weile immer mehr von dir selbst ein und fremde Energien aus.

Lass sie in deinem Bewusstsein erscheinen, wie sie wollen.

Beobachte, wo in deinem Körper du in diesem Augenblick bist:

Bist du nur im oberen Teil deines Körpers? Oder nur im unteren?

Vielleicht bist du nur im linken oder im rechten Teil deines Körpers?

Da ist oft eine Widerstandsgrenze, die dich nicht tiefer nach unten kommen lässt
als bis in den Brustkorb.

Oder du befindest dich im Wesentlichen unterhalb der Knie.

Spür hin, wo in deinem Körper du anwesend bist und wo nicht,
und richte deine Aufmerksamkeit auf die Grenze dazwischen.

Nimm den Widerstand dort wahr und atme ihn aus.

Atme mehr von dir selbst und deiner Energie ein.

Beobachte, wie sich der Widerstand dort auflöst.

(Es kann gut sein, dass du ein paarmal ein- und ausatmen musst, bevor sie sich auflösen.)

Geh zur nächsten Stelle, an der du einen Widerstand wahrnimmst, und atme ihn aus.

Und nimm mit jedem Einatmen mehr von deiner Energie, mehr von dir selbst, im Körper auf.

Atme auf diese Weise weiter, bis du merkst, dass du losgelassen hast.

Ob das zwei Atemzüge oder zehn Minuten dauert, spielt keine Rolle.

Danke dir selbst für die Schritte, die du jetzt getan hast.

Hast du es geschafft, den Widerstand loszulassen?

Hast du es geschafft, den Widerstand loszulassen? Hat es sich ähnlich oder anders angefühlt, die Blockaden an den verschiedenen Stellen im Körper aufzulösen? Hast du dadurch mehr Platz für dich selbst im Körper bekommen oder nicht? Nochmal: Alles ist gleich gut. Es dient dir nur als Information für dich selbst.

Du wirst vielleicht erleben, dass du auf einmal mehr »Schmerzen« bekommst, wenn du anfängst, auf diese Art mit deinem Körper zu kommunizieren und es dir erlaubst, hinzufühlen. Nun hat der Körper die Kommunikation entdeckt und sagt: »Jetzt, wo du mich endlich beachtest, tut es mir hier und dort und überall weh.« Sei ganz ruhig, wenn diese Schmerzen auftauchen. Spüre dorthin, wo sie sind, und bedanke dich bei deinem Körper, dass er dich damit arbeiten lässt. Es ist nicht immer einfach, Schmerz und Unbehaglichkeiten zu begegnen. Wenn wir krank sind, nehmen wir oft gleich Medikamente, und wenn es irgendwo wehtut, ignorieren wir es. Sei daher froh über die Signale deines Körpers. Versuche, ihm dafür dankbar zu sein, dass er dir antwortet.

Wir Menschen neigen dazu, uns selbst zu verurteilen, wenn wir auf Aspekte im Körper treffen, die uns ein Gefühl des Unwohlseins vermitteln. Versuche, dir selbst in Akzeptanz, Neugierde und Freude zu begegnen. Lass jede Begegnung mit dir selbst so sein wie ein erstes Treffen, bei dem du offen bist für dich, dich selbst ohne Vorurteile empfängst. Das bedeutet nicht, dass deine Erfahrungen beim Meditieren immer dieselben sein müssen. Zum jetzigen Zeitpunkt ist es so. Beim nächsten Mal kann es anders sein. Erlaube dir selbst, auf diese Reise zu gehen, um ein höheres und weiteres Bewusstsein deiner selbst zu erlangen. Der erste Schritt, um sich selbst in Liebe zu begegnen, besteht darin, zu akzeptieren, wo du in diesem Augenblick bist – mit allen Fehlern und Mängeln, die du in dir tragen magst. Du machst dir selbst das größte Geschenk, wenn du zu dir selbst sagen kannst: »So, wie ich bin, bin ich vollkommen in Ordnung.«

Du machst dir selbst das größte Geschenk,
wenn du zu dir selbst sagen kannst:
»So, wie ich bin, bin ich vollkommen in Ordnung.«

»Die Lebenskraft ist nicht im Menschen eingeschlossen, sondern umstrahlt ihn wie eine leuchtende Kugel und kann in die Ferne wirken.«

Paracelsus (1493–1541), Schweizer Arzt und Begründer der medizinischen und pharmazeutischen Chemie

Die Aura

UNSER SUBTILES ENERGIEFELD

DER UMRISS DER AURA IST EIFÖRMIG. Innerhalb des »Randes« liegt ein subtiles Energiefeld, das den physischen Körper umgibt. Die Aura besteht aus mehreren Schichten und kommuniziert über die Chakras mit dem Körper. Es gibt unzählige Erklärungen und Beschreibungen der Aura aus der Sicht des Sieben-Chakras-Systems. Einige meinen, die Farben der Aura entsprächen denen der Chakras: Die rote Farbe, die mit dem Wurzelchakra korrespondiert, liege in der Schicht, die dem Körper am nächsten ist, und das mit dem Kronenchakra verbundene Violett liege in der äußersten Schicht. In der Aura sind die Farben des Regenbogens ebenso repräsentiert wie im Sieben-Chakras-System. Die Schichten heißen »Körper« oder »Leiber« und erfüllen unterschiedliche Funktionen, genau wie die Chakras. Andere wiederum meinen, diese Schichten folgten einem anderen Aufbau, bei dem die Farben nicht mit den Chakras auf die gleiche Art und Weise korrespondierten. Noch andere behaupten, die Aura bestehe lediglich aus fünf Schichten. Einige sagen, der äußere Rand der Aura sei golden.

Unserer Ansicht nach ist bei einem Indigo- oder Kristallkind die innere Struktur vereinfacht. Bei einem Kristallkind besteht der Aufbau der Aura folglich aus nur einem Teil – weil es nur ein einziges Chakra hat.

Die Indigokinder liegen irgendwo dazwischen, aber wir verzichten auf eine ausführliche schematische Beschreibung des strukturellen Aufbaus ihrer Aura. Er hat für deine momentane Aufgabe keine Bedeutung. Wichtig ist allein, dass du weißt, was eine Aura ist.

DIE AURAHÜLLE – DEINE GRENZE ZUM ANDEREN

Du kannst die Aurahülle – den eiförmigen Umriss – als deine Grenze zu den anderen Menschen betrachten. Sie ist wie eine Zellwand und beschützt dich vor den unerwünschten Energien anderer Menschen. Sie ist semipermeabel (nur teilweise durchlässig), das heißt, dass wir lassen einige Energien herein, aber nicht alle. Die Aura ist optimalerweise 30 bis 50 Zentimeter von deinem Körper entfernt; wenn du den Arm ausstreckst, reicht sie ungefähr bis zu deinem Handgelenk.

Gemäß der indischen Tradition und der des Yoga gibt es in unserem subtilen Energiefeld 72 000 Energiekanäle, »Nadis« genannt. Sie verbinden die Aura und die Chakras mit dem physischen Körper. Die Nadis werden auch als »Meridiane« bezeichnet. Dieses Energiesystem ist unter anderem in der Akupunktur von Bedeutung. Die Meridiane lassen sich mit dem Kreislauf des Blutes vergleichen: Sie versorgen die Zellen mit vitaler Lebenskraft, genauso wie die Blutbahnen die Zellen mit frischen Nährstoffen beliefern.

Die Aura wirkt als eine Art Zwischenstation für alles, was wir aufnehmen, und alles, was wir loslassen: Energien, die wir nicht ganz loszulassen wagen, können zum Beispiel in der Aura verbleiben und dort gespeichert werden.

Du kannst die Aurahülle als deine Grenze zu den anderen Menschen betrachten.

Gemäß der indischen Tradition und der Lehre des Yoga gibt es in unserem subtilen Energiefeld 72 000 Energiekanäle, »Nadis« genannt. Sie verbinden die Aura und die Chakras mit dem physischen Körper.

Ein Ungleichgewicht im Körper kann sich nach einiger Zeit als Krankheit manifestieren. Wir Menschen sind uns oft nicht bewusst, wo unsere Aura endet. Bei einigen liegt sie eng am Körper an, bei anderen ist sie weiter weg. Menschen, bei denen sie weit entfernt ist – das kann bis zu mehrere Meter weit sein –, können viele umarmen: Sie übernehmen und tragen oft Verantwortung für andere. Eigentümer eines Unternehmens können beispielsweise ihre Mitarbeiter »unter ihre Fittiche« nehmen. Sie erweitern ihre Aura, um alle Mitarbeiter zu umfangen. Schauspieler und Künstler erweitern ebenfalls oft ihre Aura, um damit das ganze Publikum einzuhüllen. Lehrer – sowohl solche an »normalen« Schulen als auch spirituelle Meister – können ihre Aura auf ihre Schüler ausdehnen.

Für diejenigen, die von der Aura eines anderen umfangen werden, fühlt es sich sicher und gut an. Wir neigen dazu, an den Informationen und Energien anderer anzudocken, sodass wir nicht dazu Stellung nehmen müssen, wo wir selbst im Leben stehen. Es kann eine gute Erfahrung sein, sich von der Aura eines Menschen, den man bewundert, einhüllen zu lassen, aber es kann sich auch erdrückend und lästig anfühlen: Dann ist uns ähnlich zumute wie einem Teenie, der den Wunsch hat, selbstständig zu sein, doch den die Eltern nicht loslassen wollen. Für denjenigen, der viele Menschen in seiner Aura gefangen hält, kann das wie ein Kick sein. Schauspieler und Künstler sind nach einer Vorstellung des Öfteren geradezu »high« – als hätten sie eine Energiespritze bekommen. In Wirklichkeit haben sie die Energie von denjenigen abgezogen, die sie in ihrer Aura »gefangen« hielten. Nach einer Weile werden sie sehr müde, weil sie die Energien all dieser Menschen in sich tragen, ohne sich dessen bewusst zu sein.

Ein anderer Grund, den Radius seiner Aura zu erweitern, kann der Wunsch sein, sich selbst zu schützen. Einige Menschen senden ihre Aura zum Beispiel vorab in einen Raum hinein, um die Stimmung zu erfühlen und sich darauf vorzubereiten, was sie dort zu erwarten haben. Oder sie können mit der Aura »spüren«. Auf diese Weise nehmen sie die Stimmung wahr und gewinnen dadurch einen Eindruck, wer gegen und wer für sie ist. Aber vor allem erleben wir die Aura als eine Grenze gegenüber unseren Mitmenschen.

Bei einigen Menschen liegt die Aura eng am Körper an, bei anderen ist sie weiter weg.

MÄRTHA:

Als ich jünger war, war ich sehr frustriert darüber, dass viele Leute meine Grenzen überschritten. Ich hatte das Gefühl, dass die Presse mehr von mir beansprucht hat, als ich geben wollte. Menschen, die ich gar nicht kannte, nahmen ungefragt Teile von mir. Mir gefiel es auch nicht, dass man mich anstarrte. Schließlich wurde es mir schwer, andere zu begrüßen, ohne dass sich mein Magen verkrampfte.

Eines Tages machte ich mit einer Freundin eine Übung: Sie positionierte sich am anderen Ende des Zimmers, und ich sollte mir vorstellen, ich wäre auf einer offiziellen Veranstaltung. Langsam kam sie mir entgegen. Ich sollte ihr eine Rückmeldung geben, sobald ich das Gefühl hatte, dass mir ihre Nähe unangenehm wurde. Sie war ungefähr drei Meter von mir entfernt, als etwas in mir »Stopp!« rief. Sie lachte und meinte: »Glaubst du, jemand kann dir zur Begrüßung die Hand geben, ohne deine Grenze zu überschreiten? Die können dir ja gar nicht erst die Hand reichen, um dich zu begrüßen.«

Wir haben diese Übung mehrere Male durchexerziert, wobei ich mich in unterschiedliche Situationen versetzen sollte: auf eine Privatparty, unterwegs in der Stadt, bei einem Waldspaziergang, allein zu Hause, im Pferdestall. Es überraschte mich, dass meine Grenzen sich je nach Szenario verschoben. Als ich mir vorstellte, ich wäre im Pferdestall, vermittelte mir meine Freundin nicht das Gefühl, ich könnte überrumpelt werden. Das hat einen bleibenden Eindruck bei mir hinterlassen. Wenn ich mich in einer Situation willkommen fühlte, Geborgenheit empfand, konnte keiner meine Grenzen überschreiten. Erst später habe ich verstanden, dass meine Aura sich verschoben hat, je nachdem, in welche Situation ich mich hineinversetzte. Nachdem ich gelernt hatte, die Aura 30 bis 50 Zentimeter von mir zu halten – so wie es für den Körper natürlich ist –, verschwand die Empfindung, von anderen aufgefressen zu werden. Jedes Mal, wenn ich mich jetzt unsicher fühle oder jemand grundlos meine Grenzen übertritt, checke ich meine Aura. In neun von zehn Fällen ist sie zu weit weg.

Obwohl wir uns nicht bewusst sind, wo wir den Umriss unserer Aura halten, benutzen wir sie dennoch, um andere zu beeinflussen. Wir können sogar Leute mit unserer Aura anstupsen. Am stärksten kommt dies vielleicht bei einer Bergtour zum Ausdruck, wenn mehrere Skiläufer einen steilen Hang hinaufstapfen.

Wenn deine Aurahülle zu weit von dir entfernt ist, gleichst du einem alten, zugigen Haus: Deine Wärme verpufft.

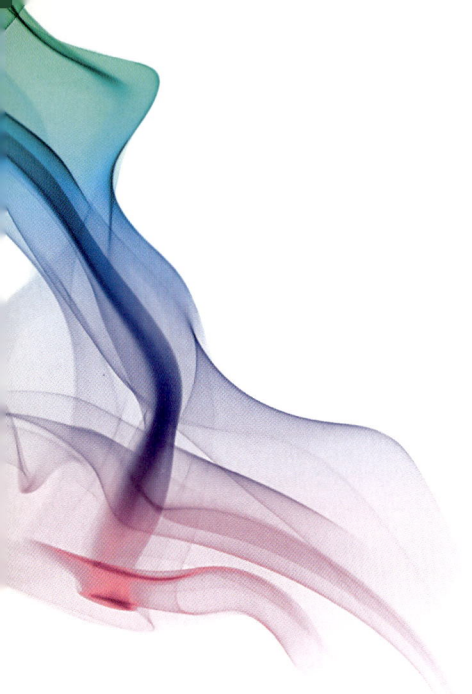

ELISABETH:

Als ich ungefähr 20 Jahre alt war, wohnte ich in einem Ort, wo ein steiler Weg von der Bushaltestelle hinaufführte. Eines Tages – ich war auf dem Heimweg von der Arbeit und schon etwas müde – schlenderte ich in meinem eigenen Tempo den Pfad hinauf. Hinter mir tauchte ein Mann auf, der diese Busspur als seine Trainingsstrecke betrachtete. Ich ertappte mich dabei, dass ich unwillkürlich immer schneller lief, lange bevor er mich erreicht hatte. Letztendlich musste ich kapitulieren und zur Seite treten, um ihn vorbeizulassen.

So benutzen wir auch die Aura, um ohne Worte zu kommunizieren. Sicher erinnern sich viele Menschen an ihre Kindheit, als ihre Mutter oder ihr Vater sagten: »Geh du voraus, du bestimmst das Tempo!« Und obwohl du vorangehen durftest, hattest du das Gefühl, für Mutter und Vater zu langsam zu sein. Also hast du dein Tempo beschleunigt, ohne dass irgendjemand etwas gesagt hätte. Es handelt sich einfach um die Auraverschiebung, wenn man unterwegs ist, doch vollzieht sie sich auch die ganze Zeit über in der Begegnung mit anderen. Stupst dann jemand unsere Aura an – egal, in welchem Zusammenhang –, ist es leichter, seine eigene Geschwindigkeit zu vernachlässigen und die anderen das Tempo vorgeben zu lassen.

Viele Menschen tragen ihre Aurahülle eng um sich. Das könnte daher rühren, dass ihre persönlichen Grenzen auf irgendeine Weise verletzt wurden. Wer seine Aura eng um sich zieht, versucht, sich vor seiner Umgebung zu verstecken. Dieser Mensch will nicht auffallen. Er macht sich »unsichtbar«.

ELISABETH:
Ich war immer ein wenig schüchtern, besonders in größeren Menschen-
ansammlungen. Ich fühlte mich nervös und hatte Schwierigkeiten, die richtigen
Worte zu finden, wenn ich es überhaupt wagte, etwas zu sagen. Nachdem ich
Erkenntnisse über meine Aura gewonnen hatte, entdeckte ich, dass meine Aura
sich ganz eng um meinen Körper zusammenzog, sobald ich unter vielen Menschen
war – ein Versuch, mich selbst zu schützen und unsichtbar zu machen. Doch statt
Schutz zu bekommen, hatte ich das Gefühl, nackt und ohne Haut dazustehen.

Jetzt, da ich mit meiner Aura in Kontakt bin, kann ich sie so steuern, dass sie für
mich optimal funktioniert. Bei der Begegnung mit meinen Mitmenschen erlebe ich,
dass ich mich geschützt fühle und meiner selbst sicher bin.

Es klingt vielleicht etwas zu einfach, dass sich allein durch eine Veränderung der
Aurahülle alles Mögliche von selbst regeln soll. Selbstverständlich regelt sich durch
die Veränderung der Aura nicht alles, aber sie bringt Vorteile. Liegt die Aurahülle
optimal am Körper an, dient sie als natürlicher Schutz gegenüber anderen Menschen.
Ist die Aurahülle weit von dir entfernt, nimmst du die Energien, Schmerzen und
Gefühle anderer so auf, als wären es deine eigenen. Es wird schwierig für dich,
nachzuempfinden, wo du selbst aufhörst und wo der andere beginnt.

Aber wann wissen wir, dass wir die richtige Position für die Außenhülle der Aura
gefunden haben? Gemäß unserer Erfahrung gibt uns der Körper ein Zeichen, wenn
die Aura die richtige Position erreicht hat.

Wer seine Aura eng um sich zieht, versucht, sich vor seiner Umgebung zu verstecken. Dieser Mensch will nicht auffallen. Er macht sich »unsichtbar«.

Hast du dich
selbst und
deine Grenzen
entdeckt,
hilft dies
auch anderen
Menschen,
dich so zu
respektieren,
wie du bist.

Es ist, als hätte die Aura ihre richtige »Spurrille« gefunden. Es kann etwas schwierig sein, sie zu entdecken, wenn man eine Weile nicht mit seinem Körper in Kontakt gestanden hat. Ist die Aurahülle an ihrem Platz, eine Armlänge entfernt, werden die eigenen Gefühle, Schmerzen und Energien deutlicher. Deswegen wird es auch einfacher, auf sich selbst und auf die Informationen des Körpers zu hören. Hast du dich selbst und deine Grenzen entdeckt, hilft dies auch anderen Menschen, dich so zu respektieren, wie du bist. Auf diese Weise schützt dich die Aura vor dem Eindringen fremder Energien. Dies wiederum führt dazu, dass du dein Energieniveau aufrechterhalten kannst, weil du deine Energie nicht an jeden abgeben musst, der sich in deiner Aura befindet.

Wenn deine Aurahülle zu weit von dir entfernt ist, gleichst du einem alten, zugigen Haus: Deine Wärme verpufft. Du musst mehr Energie aufwenden, um das gleiche Wärmeniveau zu bewahren wie in einem neuen, gut isolierten Haus. Hast du die Aurahülle richtig am Körper positioniert, verbrauchst du während des Tages weniger Energie, weil du sie nicht an andere abgibst, sondern an dich selbst. Nun hast du mehr Elan. Also dauert es länger, bis du dich müde und ausgepowert fühlst.

ELISABETH:

Bei meiner ersten Begegnung mit der Energiearbeit teilte mir eine Frau mit, meine Aura habe mehrere Löcher. Löcher in der Aura sind wie blinde Flecken, durch die sich fremde Energien unbemerkt einschleichen können. Meine Grenzen wurden daher sowohl für mich selbst als auch für mein Umfeld unscharf. Oft empfand ich eine undefinierbare innere Unruhe. War das meine eigene Ruhelosigkeit oder die anderer? Allmählich setzte sich das Gefühl durch, dass irgendetwas nicht stimmte. Das wiederum brachte mich dazu, aus meinem Körper zu gehen. Nur außerhalb meines Körpers hatte ich das Gefühl, geschützt zu sein.

Durch Meditation und Energiearbeit bekam ich meine Aurahülle an die richtige Position, wo sie optimal für mich funktionierte. Das gab mir ein neues Bewusstsein im Hinblick auf mich selbst und meine Grenzen. Es vermittelte mir innere Ruhe und Sicherheit bei der Begegnung mit anderen Menschen.

»Wie komme ich in Kontakt mit meiner Aura?«, fragst du dich vielleicht. Das ist nicht so schwer, wie viele glauben. Du kannst sie mit deinen Händen erspüren. Um deine Hände »feinfühliger« zu machen, reibst du am besten die Handflächen aneinander – ungefähr so, wie wenn du sie bei Kälte draußen aufwärmen willst. Auch bei der folgenden Übung kannst du den Tipp ausprobieren, die Handflächen aneinanderzureiben, falls du den Kontakt mit der Aura verlierst. Tu das ruhig öfter, als wir vorgeschlagen haben.

»Wie komme ich in Kontakt mit meiner Aura?«, fragst du dich vielleicht. Das ist nicht so schwer, wie viele glauben.

1. Übung:
Die Aura spüren

Stell dich gerade hin und reib deine Handflächen schnell aneinander, so lange, bis sie warm sind.

Nun stell dir vor, dass deine Aurahülle ungefähr eine Armlänge von dir entfernt ist, und spüre, ob du sie in der richtigen Position »justiert« hast. Streck die Arme mit den offenen Handflächen in einem 90-Grad-Winkel aus. Ziehe dann die Hände sachte an dich heran, bis du deine Aura berührst. Du nimmst die Aura zum Beispiel als ein Wärme- oder Kältegefühl wahr; wie ein Kribbeln in den Fingern; als würden deine Hände auf einen Widerstand stoßen.

Erforsche deine Aura an verschiedenen Körperstellen mit den Händen.

Wie fühlt sie sich an deinen Schenkeln, Beinen und Füßen an?

Wie fühlt sich die Aura über deinem Kopf an?

Gibt es Stellen, an denen deine Aura unregelmäßig ist
oder wo sie ganz zu fehlen scheint?

Reibe die Handflächen nochmals aneinander
und greife sanft in die Aura hinein.

Schiebe die Aura von deiner »Rückseite« mit den Handflächen so weit
nach vorne, dass sie vor dich tritt.

Erforsche ihre Rückseite: Wie fühlt sie sich an deinen Schenkeln, Beinen
und Füßen an, und wie über dem Kopf?

Fühlt sie sich anders an als auf der Vorderseite? Ist sie näher am Körper
oder weiter weg? Scheint es irgendwo Löcher zu geben,
wo du deine Aura nicht spüren kannst?

Greife wieder in die Aura hinein.

Verschiebe die Vorderseite der Aura mit den Handflächen so weit,
dass sie wieder hinter dich tritt.

Atme aus und lass los, was du gerade erlebt hast.

Falls es schwierig war für dich, die Außenhülle deiner Aura zu finden, kann es sein, dass sie noch weit von dir entfernt ist – oder so nahe an dir dran, dass du sie nicht spüren konntest. Wiederhole die Übung, bevor du weitermachst. Versuche diesmal, die Aurahülle zu verschieben (ziehe sie heran oder schiebe sie weg), so lange, bis sie in der richtigen Position »einrastet«. Versuche, deine Aurahülle eine Armlänge von dir entfernt zu halten.

Vielleicht hast du beobachtet, dass die Aura sich am Körper festgesetzt hat? Sie ist wie eine »Surround-Anlage«, die den Körper umgibt. Oft vergessen wir, auf die Aura zu achten, die sich zum Beispiel unter den Füßen oder am Rücken befindet. In Bereichen, wo wir uns ihrer nicht bewusst sind, liegt die Aura oftmals sehr eng am Körper an. Folglich ist ihre Funktion minimal. Wenn du sorgfältig auf die Lage der Aurahülle achtest, schiebt sie sich wieder in ihre richtige Position, sodass sie nicht mehr an dir haftet. Die folgende Übung hilft dir beim Ausdehnen oder Einziehen deiner Aura.

Die Aura ist wie eine »Surround-Anlage«, die den Körper umgibt.

2. ÜBUNG:
Die Aura verändern

Stell dich aufrecht hin, lass die Arme seitlich herabhängen.

Schließ die Augen oder lass sie geöffnet, ganz wie du möchtest.

Atme einige Male tief ein und aus.

Zieh nun deine Aurahülle heran, sodass sie in ihre optimale Position gelangen kann – etwa eine Armlänge vom Körper entfernt –, und spüre, wie sie sich in die richtige Position schiebt.

Fühle mit den Händen nach, ob sie sich dort befindet, wo du sie vermutest.

Wie geht es dir damit, sie genau dort zu haben?

Stell dir vor, du hast eine große Aura. Halte deine Aurahülle einen Meter von dir entfernt und schieb die Aura sachte weiter weg, bis sie etwa drei Meter von dir entfernt ist.

Spüre nach, wie es dir ergeht, wenn sie so weit weg ist: Fühlt es sich für dich normal oder komisch an, sie dort zu haben? In welchen Situationen hältst du sie so weit entfernt?

Schieb sie noch weiter weg, um zu erleben, wie das sich anfühlt.

Zieh sie daraufhin sachte ein, bis sie nur noch einen Zentimeter von deinem Körper entfernt ist.

Wie fühlt es sich an, wenn sie so eng anliegt? Ist es normal für dich, sie dort zu haben? In welchen Situationen ziehst du sie so eng an dich – falls überhaupt ?

Lass nun die Aurahülle in ihren natürlichen Abstand von deinem Körper zurückgleiten.

Atme aus und lass los, was du gerade erlebt hast.

Falls deine Aurahülle für gewöhnlich weit von dir weg ist, hast du möglicherweise das Gefühl, es werde eng, wenn sie sich nur noch eine Armlänge von deinem Körper entfernt befindet. Du hast vielleicht den Eindruck, keine Luft mehr zu bekommen, oder du fühlst dich unsicher.

Falls du denkst: »Das bekomme ich nicht hin«, oder: »Das, was ich fühle, ist sicher nicht das, was die Autorinnen meinen«, versuche trotzdem, die Übung zu wiederholen. Vertraue auf deine Gefühle und auf dein Erleben. Hier gibt es kein Richtig oder Falsch. Hier erlebst du nur deine Aura – und alles, was du erlebst, dient dir als Information über dich selbst. Begegne deiner Aura wie ein Kind, das zum ersten Mal eine Blume erkundet: Es fragt nicht nach, ob der Duft der Blume der richtige ist – auch nicht, ob die Farben, die es sieht, stimmen. Vertraue deinen Sinnen. Denn du besitzt sie, obwohl es lange her ist, seitdem du sie wirklich benutzt hast.

Für die folgende Übung brauchst du einen Partner.

> Begegne deiner Aura wie ein Kind, das zum ersten Mal eine Blume erkundet.

3. ÜBUNG:
Die Aura anderer wahrnehmen

Stellt euch so an zwei entgegengesetzten Enden eines Raums auf, dass eure Gesichter einander zugewandt sind. Einigt euch, wer welche Aufgabe übernimmt: Einer von euch (A) verschiebt seine Aurahülle; der andere (B) soll sie mit seinen Händen ertasten.

A lässt seine Aurahülle eine Armlänge von sich entfernt »einrasten«.
B reibt die Handflächen aneinander, bis sie warm sind, und geht vom anderen Ende des Raums mit vorgestreckten Armen und geöffneten Handflächen auf A zu.
B bleibt da stehen, wo er die Aura von A wahrzunehmen meint, und kehrt danach wieder zu seinem Ausgangspunkt zurück.

A steht am einen Ende des Raums und dehnt seine Aurahülle zwei bis drei Meter weit aus.
B reibt die Handflächen aneinander, bis sie warm sind, und geht vom anderen Ende des Raums mit vorgestreckten Armen und geöffneten Handflächen auf A zu.
B bleibt da stehen, wo für ihn die Aura von A wahrnehmbar scheint, und kehrt danach wieder zu seinem Ausgangspunkt zurück.

A steht am einen Ende des Raums und zieht seine Aurahülle bis auf wenige Zentimeter Entfernung an seinen Körper heran.
B reibt die Handflächen aneinander, bis sie warm sind, und geht vom anderen Ende des Raums mit ausgestreckten Handflächen auf A zu.
B bleibt da stehen, wo die Aura von A für ihn wahrnehmbar scheint, und kehrt danach wieder zu seinem Ausgangspunkt zurück.

A dehnt seine Aurahülle spielerisch aus und zieht sie wieder ein (ohne B zu verraten, wo die Aura wirklich ist).
B soll erspüren, ob A die Aurahülle ganz nah am Körper oder auf Armlänge entfernt vom Körper hält. (Dabei ist natürlich wichtig, dass A die Aurahülle so lange in derselben Position hält, bis B sie wahrgenommen hat.)

Probiert das einige Male mit unterschiedlichen Positionen aus.
Wiederholt die Übung dann mit vertauschten Rollen.

Staunst du darüber, dass dir das Erspüren der Aura leichtgefallen ist? Dass du die Aurahülle wahrgenommen hast, als du wusstest, wo sie war, mag für dich ja noch angehen. Aber dass dir das auch gelungen ist, als du ihre Position nicht kanntest, überrascht dich womöglich doch. Das zeigt, dass jemand seine Aurahülle tatsächlich bewusst verschieben und sein Gegenüber diese Aura wahrnehmen kann.

Mit diesem neuen Bewusstsein deiner selbst kannst du nun hinaus in die Welt gehen und verfolgen, wie deine Aurahülle sich in unterschiedlichen Situationen verhält. Spiel mit ihr. Beobachte, wie andere reagieren, wenn du deine Aura plötzlich weit ausdehnst oder nah an dich heranziehst. Das Wichtigste ist jedoch: Achte darauf, wie du dich fühlst, wenn deine Aura genau in die Spurrille »eingerastet« ist, die für dich und deinen Körper stimmig ist, und spür hin, was das in dir bewirkt.

Staunst du darüber, dass dir das Erspüren der Aura leichtgefallen ist?

Achte darauf, wie du dich fühlst,
wenn deine Aura genau in die Spurrille
»eingerastet« ist, die für dich und deinen
Körper stimmig ist.

Das Herz

LERNE DIE SPRACHE DES HERZENS ZU SPRECHEN

DAS HERZ IST DER ORT, AN DEM HIMMEL UND ERDE SICH BERÜHREN – SOWOHL AUF DER GEISTIGEN ALS AUCH AUF DER KÖRPERLICHEN EBENE. Im Herzen begegnen sich die universellen Liebeskräfte in uns und um uns herum. Von dort aus geben und dort empfangen wir Liebe für uns selbst und unsere Mitgeschöpfe.

Das Herzchakra sitzt in der Mitte des Brustbeins und ist der gemeinsame Nenner – gleich ob du nun sieben, drei oder ein Chakra hast. Dies ist einer der Gründe, weshalb wir beschlossen haben, das Herzchakra in den Mittelpunkt unseres Unterrichts zu stellen. So kann jeder teilnehmen, ganz gleich, welches Chakra-System er hat. Nachdem du begonnen hast, mit deinem Körper und deiner Aura zu kommunizieren, kannst du jetzt auch mit deinem Herzen in Verbindung treten.

DAS ZENTRUM

Das Herz sitzt leicht links von der Körpermitte. Es ist unser Zentrum. Weil unser Herz das Blut durch den Körper pumpt, gleicht es einer Leben spendenden Quelle, die alle Teile unseres Körpers erreicht – sowohl im Physischen über das Blut als auch im Energetischen durch das Herzchakra. Unser Herz verteilt mithilfe der Meridiane Energie im Körper. Weil das Blut in einem gleichmäßigen Rhythmus mit dem Herzschlag pulsiert, lässt dieser »Herztakt« sich überall im Körper spüren. Verspannungen und Blockaden können übrigens verhindern, dass du die Herzschläge an unterschiedlichen Stellen im Körper wahrnimmst. Das ist eine Information für dich selbst, und zwar über deine augenblickliche Befindlichkeit. Eine Sekunde später kann es schon wieder anders sein. Wir sind in stetiger Veränderung, Entwicklung und im Wachstum begriffen. Missliebiges, mit dem wir heute nicht zufrieden sind, können wir bis morgen ändern. Dabei ist es wesentlich, dass du dich so akzeptierst, wie du bist. Nimm alles, was dir begegnet an, in Liebe und als Information für dich selbst. Alles ist gleich gut.

Missliebiges, mit dem wir heute nicht zufrieden sind, können wir bis morgen ändern.

MEDITATION

Seinen Herzschlag im Körper spüren

Setz dich aufrecht und bequem hin, schließ die Augen

und nimm einige tiefe Atemzüge.

Lass deine Aura eine Armlänge von deinem Körper entfernt in ihre Position einrasten.

Spür hin, wo in deinem Körper du dich jetzt befindest.

Leg eine oder beide Handflächen auf dein Herz.

Spüre über deine Handflächen bewusst deinen Herzschlag.

Beginne, auf deinen Herzschlag zu lauschen: Hörst du ihn? Fühlst du ihn?

Oder kannst du ihn weder hören noch fühlen?

Nimmst du dabei eine Farbe oder einen Ton wahr?

Oder weißt du einfach, dass du mit deinem Herzschlag in Kontakt bist?

Alles ist gleich gut. Es dient dir nur als Information über dich selbst.

Wenn du dabei auf Widerstände, Energien anderer Personen oder Gefühle triffst,

atme sie aus – und atme mehr von dir selbst und deiner eigenen Energie ein.

Lenke deine Aufmerksamkeit nun auf den Halsbereich: Hörst oder spürst du deinen

Herzschlag dort?

Wenn du dort Widerständen, Energien anderer Personen oder Gefühlen begegnest,

atme sie aus – und atme mehr von dir selbst und deiner eigenen Energie ein.

Lenke dein Bewusstsein nun in deinen Kopf: Hörst oder spürst du deinen Herzschlag dort? Nutze auch hier deinen Atem, um mit diesem Bereich in Kontakt zu treten und Widerstände oder fremde Energien loszulassen.

Lenke dein Bewusstsein jetzt in den Bauch: Hörst oder spürst du deinen Herzschlag dort? Nutze deinen Atem.

Wiederhole die Übung an Stellen im ganzen Körper.

Nimm dir Zeit und atme überall Verspannungen und Widerstände aus.

Achte auf die Informationen, die du bekommst.

Atme dabei immer mehr von deiner eigenen Energie ein.

Lausche auf deinen Herzschlag im Beckenbereich, in den Schultern, in Oberarmen, Unterarmen, Händen, Fingern, im Gesäß, in den Schenkeln, Knien, Beinen, Füßen, Zehen und im Rücken.

Dann richte deine Aufmerksamkeit wieder auf dein Herz: Fühlt es sich jetzt anders an? Oder stellst du keinen Unterschied fest? Beides ist gleich gut.

Danke dir selbst für die Schritte, die du getan hast, und danke deinem Herzen für die Informationen, die es dir übermittelt hat.

Wenn du dazu bereit bist, öffne die Augen wieder.

Viele Menschen spüren ihr Herz im Lauf ihres Lebens nur in jenen Momenten, in denen sie sich ängstigen. Wenn wir Angst haben und unser Herz rast, weil womöglich Gefahr droht, *dann* hören wir zu. Genau auf die gleiche Art fangen wir an, auf unseren Körper zu hören, wenn wir Krankheit oder Schmerz erfahren. Und erst dann nehmen wir Rücksicht auf uns selbst. Angst gleicht einem programmierten Hindernis, das uns davon abhält, voller Leichtigkeit und Liebe mit unserem Herzen zu kommunizieren. Erlaube dir selbst, den Hindernissen zu begegnen, und atme sie aus.

Hat es sich überall im Körper gleich angefühlt, oder hast du während der Meditation Unterschiede wahrgenommen? An welchen Stellen hast du dein Herz am deutlichsten gespürt? Wo hast du es am wenigsten bemerkt? Gab es womöglich Stellen, an denen du überhaupt nichts empfunden hast? Vielleicht hast du ja gar keine Herzschläge wahrgenommen, sondern vielmehr unterschiedliche Farben oder Worte?

Deine Wahrnehmungen dienen dir als Informationen über dich selbst. Versuche, dich selbst zu akzeptieren, und nimm die Rolle des Beobachters ein. Dies ist übrigens eine Möglichkeit, dich selbst neu kennenzulernen. Du hast vielleicht viel Zeit deines Lebens damit zugebracht, dich selbst zu kritisieren. Der innere Richter ist mit seinem vernichtenden Urteil oft sehr schnell bei der Hand. Die Anschauung, wir müssten uns selbst gegenüber Strenge walten lassen, ist meist tief in uns verankert. Jetzt hast du die Chance, dich selbst neu kennenzulernen – in Liebe.

Es ist leicht, die eigenen Erlebnisse zu unterschätzen. Angenommen, eine Bekannte hört ihre Herzschläge lautstark im Kopf. Es pulsiert, und die

Betreffende vernimmt sie als heftiges Klopfen. Du wiederum erlebst nichts – oder vielleicht nur ein schwaches blaues Licht. Du ignorierst es, weil du glaubst, etwas anderes erleben zu sollen.

Aber du hast tatsächlich etwas erlebt: Du hast ein schwaches blaues Licht gesehen. Hat die Farbe um deinen Körper herum sich verändert? Forsche nach, sei neugierig! Vielleicht spricht dein Herz durch Farben zu dir. Es wäre doch einfach dumm, das zu ignorieren, nicht wahr? Bleib neugierig – egal, was passiert, auch wenn du einer schwarzen Wand begegnen solltest. Wenn dem so ist, kannst du dich immer noch darüber wundern, dass sie da ist.

Es mag sein, dass du zu denjenigen gehörst, die ihre Herzschläge überhaupt nicht im Körper spüren. Einige wundern sich, wenn sie bemerken, dass sie ihr Herz gar nicht schlagen hören. Zu ihrer eigenen Überraschung haben sie bislang überhaupt nicht darüber nachgedacht, dass ihr Herzschlag nicht vernehmbar ist. Für sie bildet ihr Herz selbstverständlich das Zentrum ihrer Existenz. Dieses Bewusstsein ist ein wundervolles Geschenk, und das Herz kann endlich beginnen, seine wahre Sprache zu sprechen: die Sprache der Liebe.

Jetzt hast du die Chance, dich selbst neu kennenzulernen – in Liebe.

DU SOLLST TREU SEIN

Du sollst treu sein.
Aber nicht einem Menschen
gegenüber,
der in unersättlicher Gier
an deinen Händen hängt.

Nicht gegenüber einem Ideal,
das man sich groß auf die
Fahnen schreibt,
ohne dass es dein Herz rührt.
Nicht gegenüber einem Gebot,
das dich zu einem Ausländer
macht
in deinem eigenen Leib.

Nicht gegenüber einem Traum,
den du nicht selbst geträumt hast …

Wann warst du treu?

Warst du treu,
als du niederknietest im Schatten
anderer Götzenbilder?

Warst du treu,
als dein Handeln übertönte
den Klang deines eigenen
Herzschlags?
Warst du treu,
als du den, den du liebtest,
nicht betrogen hast?
Warst du treu,

als deine Feigheit sich maskierte
und sich »Gewissen« nannte?

Nein.

Doch als das, was dich berührte,
Töne von sich gab.
Als dein eigener Puls
deinem Handeln einen Rhythmus gab.
Als du eins warst mit dem,
was in dir vibrierte –

da warst du treu!

André Bjerke (1918–1985)

KLÄNGE

Ein Ton, also eine Schallwelle, hat eine Frequenz, und es wirkt zuweilen schon fast magisch, was ein spezifischer Ton auslösen kann. Du hast wahrscheinlich schon gehört, dass ein Sänger allein mit seiner Stimme ein Kristallglas zerspringen lassen kann. Trifft der Sänger exakt die Frequenz der Atome des Kristallglases, absorbieren sie die Schallwellen der Stimme. Das beschleunigt die Bewegung der Atome. Nach und nach vibrieren sie so schnell, dass die Bindungen brechen, die sie zusammenhalten. Und wenn das passiert, zerspringt das Glas. Also führt ein Ton, der Energie ist, dazu, dass Glas, das physisch ist, in tausend Teile zerspringt.

Klänge wirken an den physischen Strukturen in unserem Körper genauso wie bei energetischen Blockaden und Verspannungen. Daher können wir mit Klängen vieles auflösen: unsere Verspannungen, Blockaden, Widerstände, Furcht und anderes, das sich im Körper festgesetzt hat. In der folgenden Meditation setzen wir unsere eigene Stimme ein. Möglicherweise fühlt es sich die ersten Male etwas komisch an, wenn man ganz allein in einem Zimmer lauthals lossingt – und noch ulkiger, wenn man das gemeinsam mit anderen macht.

ELISABETH:

Ich bin ziemlich unmusikalisch und habe kein Gehör für Musik. Ich hatte auch schrecklich Angst, andere meine Stimme hören zu lassen. Zunächst habe ich mich vor dieser Übung gedrückt; ich hatte Mitleid mit meinem Nebensitzer. Wie meine Stimme sich für andere anhört, hat mich am meisten beschäftigt. Aber mit der Zeit kam ich in meinen Körper hinein, traf meinen eigenen Ton und Klang und brachte ihn zum Ausdruck. Es war herrlich und enorm befreiend! Mit meinem eigenen Ton fühlte ich mich wieder zur Gruppe gehörig. Wenn wir zulassen, dass der Klang in uns arbeitet, geschieht eine starke, tief gehende Heilung. Jetzt weiß ich, dass ich wunderschöne Töne von mir gebe.

Viele haben Angst davor, andere Menschen ihre Stimme hören zu lassen. Aber sei mutig! Hier gibt es kein Richtig oder Falsch. Singe bei dieser Übung den ersten Ton, der in dir emporsteigt, laut heraus. Ob der Ton tief und dumpf oder hoch und rein ist, spielt überhaupt keine Rolle. Heiße den Ton jetzt willkommen!

Viele haben Angst, andere Menschen ihre Stimme hören zu lassen.

MEDITATION

Mit Tönen loslassen

Setz dich aufrecht und bequem hin, schließ die Augen und nimm einige tiefe Atemzüge.

Lass die Aura eine Armlänge von deinem Körper entfernt in ihre Position einrasten.

Spüre hin, wo in deinem Körper du dich jetzt befindest.

Leg eine oder beide Handflächen auf dein Herz. Fühle bewusst deinen Herzschlag.

Erlebe ihn auf deine ganz eigene Art und Weise.

Wandere mit deiner Aufmerksamkeit langsam durch deinen Körper und nimm überall deinen Herzschlag wahr – im Bauch, in den Beinen, in den Armen, im Rücken, im Brustbereich, in Hals und Kopf.

Richte deine Aufmerksamkeit auf eine Stelle, wo du deinen Herzschlag nicht fühlen konntest oder wo du auf einen Widerstand gestoßen bist.

Du wirst gleich einen Ton für den Widerstand finden. Es reicht aber nicht, ihn innerlich zu singen. Sing ihn laut und frei heraus und wiederhole ihn ruhig ein paarmal.

Finde jetzt den Ton für den Widerstand und sing laut los.

Finde den »Schlüsselton«, der die Verspannung auflöst, und singe auch ihn laut und deutlich.

Wiederhole diese Übung einige Male. Spür nach, wie der Ton in deinem Körper vibriert.

Atme aus und lass alles los, was auftaucht. Spür hin, was passiert.

Atme mehr von dir selbst und deiner Energie ein.

Finde einen Ton in deiner Frequenz für diesen Teil des Körpers.

Sing ihn laut heraus. Lass den Ton im ganzen Körper vibrieren.

Spür hin, wie dein Körper reagiert.

Wiederhole folgende drei Töne: den Ton des Widerstands;

den »Schlüsselton« zur Auflösung der Verspannung;

und den Ton deiner persönlichen Frequenz in diesem Teil des Körpers.

✱ ✱ ✱

Lenke deine Aufmerksamkeit erneut auf dein Herz und den Herzschlag in deiner Brust.

Hat sich etwas verändert oder nicht?

Danke dir selbst für die Schritte, die du getan hast.

Danke deinem Herzen. Danke deinem Körper für die gute Zusammenarbeit.

Wenn du so weit bist, öffne die Augen wieder.

Du kannst
dem Stress
begegnen, den
Schlüsselton
finden, um
loszulassen,
und den Ton
deiner Frequenz
entdecken, der
dich beruhigt.

Waren die Töne für den Widerstand, für den »Auflösungs-Schlüssel« und für deine eigene Frequenz unterschiedlich oder gleich? Variierten sie an den verschiedenen Stellen deines Körpers? Hast du gespürt, wie die Verspannungen und Widerstände sich lösten? Wie fühlt es sich jetzt in deinem Körper an? Bist du leichter oder schwerer in deinem Körper?

Die Antworten dienen dir als Informationen über dich selbst. Die Übung mit den Tönen ist hilfreich, wenn du gestresst bist. Du kannst dem Stress begegnen, den Schlüsselton finden, um loszulassen, und den Ton deiner Frequenz entdecken, der dich beruhigt.

DIE SPRACHE DES HERZENS

Oft stellen wir fest, dass wir anderen Menschen eher zuhören als uns selbst. Auf diese Weise leben wir nach den Vorstellungen anderer Menschen und nicht nach unseren eigenen. Wir haben die Lautstärke unserer inneren Stimme heruntergedreht und unsere Antenne auf die Welt ausgerichtet. Dadurch sind wir unsensibel dafür geworden, auf welchen Kanal wir unser »Radio« eingestellt haben. Womöglich haben wir sogar vergessen, dass wir die Lautstärke unserer inneren Stimme erhöhen können oder gar, dass wir überhaupt eine innere Stimme besitzen. Daher ist die folgende Meditation wichtig. Ziel dieser Übung ist der innere Kontakt mit sich selbst. Wir nennen diese Art der Kommunikation mit dem Herzen »die Sprache des Herzens«. Vergiss nicht: Egal, was kommt, alles ist gleich gut. Jeder kommuniziert auf seine individuelle Weise mit sich selbst, mit seinem eigenen Körper und mit seinem Herzen.

Wir Menschen sind in doppelter Weise mit Sinnen ausgerüstet: Wir brauchen unsere Augen, um zu sehen. Wir haben aber auch ein inneres Auge, mit dem wir uns zum Beispiel den Text in einem Buch vorstellen oder uns die Bilder eines sonnigen Urlaubs ins Gedächtnis zurückrufen. Wir hören das Geräusch eines vorbeifahrenden Autos; wir können es aber auch hören, wenn wir uns Dasselbe vor unser »inneres Ohr« holen. Wir spüren, dass uns jemand streichelt; wir können uns die Berührung aber auch auf der rein geistigen Ebene vorstellen. Ein bestimmtes Ereignis kann dir die Erinnerung an den Duft oder den Geschmack von Omas Kuchen zurückbringen. Bist du ein visueller Typ, dann herrschen bei dir während dieser Meditation möglicherweise die Bilder vor. Bist du auditiv veranlagt, wirst du Worte oder unterschiedliche Töne hören. Als kinästhetischer Typ wirst du wahrscheinlich Gefühle erleben. Denk daran: Alles ist gleich gut.

Nimm alles an – egal, was dein Herz dir mitteilt.

MEDITATION

Mit dem Herzen in Kontakt treten

Setz dich aufrecht und bequem hin, schließ die Augen und nimm einige tiefe Atemzüge.

Lass deine Aura eine Armlänge von deinem Körper entfernt einrasten.

Spür hin, wo in deinem Körper du dich jetzt befindest.

Leg eine oder beide Handflächen auf dein Herz

und nimm Kontakt mit deinem Herzschlag auf.

Wenn Widerstände auftauchen, lass sie mit dem Ausatmen los.

Mit dem Einatmen nimm mehr von dir selbst und deiner eigenen Energie auf.

Spür deinen Herzschlag im Bauch, in der Brust, im Hals, im Kopf, in den Armen und Händen,

in den Beinen und Füßen, im Beckenbereich und im Rücken.

Wo du auf Widerstand triffst, atme ihn aus.

Hol mit jedem Einatmen mehr von dir selbst und deiner eigenen Energie in dich hinein.

Mag sein, dass es so ist wie beim letzten Mal. Es kann aber auch völlig anders sein.

Lass alle Erwartungen los und begegne dir selbst im Hier und Jetzt.

Atme auf dieselbe Weise weiter.

Richte deine Aufmerksamkeit jetzt auf dein Herz.

Atme mögliche Widerstände aus und deine eigene Energie ein.

Und dann beginne, mit deinem Herzen zu sprechen.

Du weißt ja: Egal, was auftaucht und welche Antworten du auch bekommen magst –

alles ist gleich gut. Sogar das Ausbleiben jeglicher Kommunikation ist eine Information –

und zwar darüber, dass vielleicht etwas vorhanden ist, das deine Kommunikation mit deinem

Herzen hemmt.

Spüre jetzt hin, wie es deinem Herzen in diesem Moment geht.

Frag dein Herz, ob es dir in diesem Augenblick etwas erzählen möchte.

Sei offen für alles, was kommt. Es gibt keine Antwort, die zu unbedeutend wäre.

Fühle nach und nimm die Antwort entgegen.

Du kannst dein Herz fragen, ob es einen besonderen Ort gibt, wo du am besten mit ihm

in Kontakt treten kannst, oder einen bestimmten Zeitpunkt am Tag, der sich für eine

Kommunikation mit ihm am besten eignet.

Du kannst dein Herz fragen, was immer du möchtest.

Danke deinem Herzen, dass es Verbindung zu dir aufgenommen hat.

Danke dir selbst für die Schritte, die du getan hast.

Wenn du so weit bist, öffne die Augen wieder.

Hast du keine Antwort erhalten oder während der Meditation nichts gespürt, könnte das daran liegen, dass du dabei zu verbissen warst und dadurch nicht auf die kleinen Feinheiten der Antwort gelauscht oder sie gar nicht erst zugelassen hast. Möglicherweise versperren Traumata den Kommunikationsweg und blockieren daher eine Antwort. Vielleicht wagst du es nicht, dem zu begegnen, was du dort in dir vermutest? Auch das dient dir als Information über dich selbst. Erkenne dies und versuche, dir selbst gegenüber ehrlich zu sein: Was ist es wirklich, das dich behindert? Falls starke Gefühle wie Wut oder Sorgen hochsteigen, gib ihnen den Raum, sich zu zeigen.

Als Susanna diese Übung machte, brach sie in Tränen aus und konnte nicht mehr aufhören zu weinen. Seit dem Tod ihrer Mutter hatte sie nicht mehr geweint. Damals, vor 30 Jahren, war Susanna im Teenager-Alter gewesen. Der Vater hatte die Trauer über den Verlust der Mutter nie zugelassen und Susanna ihre Trauer über all diese Jahre in ihrem Innersten vergraben. Als sie ihren Kummer endlich herausgeweint hatte, fühlte sie sich um viele Kilos leichter und erkannte, dass sie nun endlich die Freiheit gefunden hatte, ihr eigenes Leben zu leben.

Möglicherweise bist du leichter mit deinem Herzen in Kontakt gekommen, als du vorher dachtest. Oft erscheint dir etwas, das einmal ganz natürlich für dich war, so einfach, dass du meinen könntest, es sei alles nur Einbildung, wenn du es wieder erlebst. Vielleicht hast du gar gelernt, dass du für alles hier in diesem Leben hart kämpfen musst. Was du jetzt erfahren hast, wirkt hingegen schon provozierend einfach.

Falls starke Gefühle wie Wut oder Sorgen hochsteigen, gib ihnen den Raum, sich zu zeigen.

Oder du beschließt, davon abzusehen, weil du keinen Halt darin zu finden glaubst, wenn es dir so leicht zufliegt. Doch du sollst wissen, dass es eine andere Art von Da-Sein gibt, indem du dein Leben in Leichtigkeit und Liebe zu dir selbst gestalten kannst.

Der erste Schritt besteht darin, zu wissen, was du wirklich willst. Beginne damit, die Wünsche anderer Menschen für dich von deinen eigenen wahren Wünschen zu unterscheiden. Oft haben uns andere Menschen daran gehindert, ganz wir selbst zu sein. Als Kind passten wir uns unserer Umgebung bedingungslos an. In deiner Kindheit hast du vielleicht unter Nichtbeachtung gelitten. Aber weißt du was? Jetzt hast du die Möglichkeit, so viel Raum zu beanspruchen, wie du nur möchtest. Jetzt kannst du die Regie über dein Leben übernehmen. Du brauchst nicht länger das Opfer deiner eigenen Biografie zu sein. Der erste Schritt besteht darin, fremde Energien, die Energien anderer Personen, die du unbewusst angesammelt hast, auszuschleusen. Solche fremden Energien können auch im Herzen sitzen. Jetzt denkst du vielleicht, es müsse ganz schrecklich sein, die Menschen, die du liebst, loszulassen.

Der erste Schritt besteht darin, fremde Energien auszuschleusen.

Ja, zuweilen wirkt es so. Doch solange du die Energie anderer Menschen nicht aus dir herauslöst, hältst du sie in einem bestimmten Muster fest, in das du selbst verstrickt bist. Und dieses Muster spielt euch jedes Mal gegeneinander aus, wenn ihr zusammen seid.

Manchmal glaubst du vielleicht, einer Person helfen zu müssen, daran festzuhalten: Sie kann nicht auf sich selbst aufpassen, oder sie hat eine so schwere Bürde zu tragen, dass du die Verantwortung übernimmst. Du hast ja die Kapazitäten dafür; du kannst alles bewältigen, oder? Es kann auch sein, dass du jemandem über einen bestimmten Zeitraum tatsächlich Unterstützung bietest. Doch bedenke eines: Die Person, der du das Leben einfacher zu machen versuchst, kann dadurch nicht ihren eigenen Weg gehen. Es ist, als trüge man ein Kind, und obwohl es bereit ist, alleine zu laufen, stellt man es nicht auf den Boden, damit es das Gehen selbst ausprobieren kann. Das Kind lernt auf diese Art nicht, seine ersten eigenen Schritte zu machen. Es lernt nicht, zu gehen und zu schauen, wohin seine Beine es tragen. Es wäre sinnvoller, das Kind auf den Boden zu setzen und für es da zu sein, um ihm wieder aufzuhelfen, falls es stolpert und fällt. So ist es auch mit der Energie anderer: Geben wir die Energie an ihren rechtmäßigen Eigentümer zurück, kann eine positive Veränderung für beide eintreten. Denn deine Energie passt nicht für andere, und die Energie anderer passt nicht für dich.

Erlaube dir und den Menschen in deinem Umfeld, auf Ereignisse zu reagieren. Vielleicht werden einige sich abgelehnt fühlen. Das ist eine Übergangsphase. Lass alles Neue seinen Platz einnehmen. Indem wir eisern an unseren Veränderungen festhalten, geben wir anderen die gleiche Chance. Wir können andere Menschen nicht ändern, doch wir können uns selbst in der Begegnung mit ihnen verändern.

Wir können andere Menschen nicht ändern, doch wir können uns selbst in der Begegnung mit ihnen verändern.

MEDITATION

Fremde Energien ausschleusen

Setz dich aufrecht und bequem hin, schließ die Augen und nimm ein paar tiefe Atemzüge.

Lass deine Aura eine Armlänge von deinem Körper entfernt einrasten.

Spür hin, wo in deinem Körper du dich jetzt befindest.

Richte deine Aufmerksamkeit auf dein Herz und frage, ob es dir etwas erzählen möchte.

Lausche achtsam auf seine Antwort.

Im Innersten deines Herzens gibt es einen Raum. Stell ihn dir vor, erfühle ihn, lass ihn dir von deinem Herzen zeigen, oder wisse einfach, dass dieser Raum da ist.

Geh in diesen Herzraum hinein.

Falls du dort andere Menschen antriffst, bitte sie alle, diesen deinen Raum zu verlassen.

Danke ihnen für alles, was sie dir gezeigt haben, und verabschiede sie mit Leichtigkeit und in Liebe zu dir selbst.

Sollte jemand nicht gehen wollen, finde einen Ton in der Frequenz, auf der dieser Mensch sich in deinem Herzen festgesetzt hat.

Benutze diesen Ton als Mittel, um diese Person loszulassen.

Sieh, spüre oder wisse, dass die betreffende Person loslässt und hinausgeht.

Atme alle aus deinem Unterbewusstsein hochsteigenden Widerstände und Gefühle aus, und atme mehr von dir selbst und deiner Energie ein.

Finde einen Ton in der Frequenz deines Herzens.

Denk daran, weiterzuatmen.

Lass alle anderen einzeln hinausgehen, bis nur noch du im Raum bist.

Schau dich jetzt in deinem Herzraum um.

Spür hin, welche Gefühle in dir aufsteigen,

jetzt da du dort alleine bist.

Gestalte deinen Herzraum in deinen eigenen Farben,

so wie du ihn am liebsten haben möchtest.

Schenke ihm Form, Fenster, Größe und Einrichtung

ganz nach deinen Wünschen.

Verbring noch etwas Zeit in deinem Raum. Genieße ihn.

Verlass den Raum in deinem Herzen

und nimm wieder deinen ganzen Körper ein.

Fühle nach, wo in deinem Körper du dich gerade befindest.

Spüre deinen Herzschlag im Brustbereich.

Danke deinem Herzen dafür, was es dir gezeigt hat.

Danke dir selbst für die Schritte, die du getan hast.

Wenn du bereit bist, öffne die Augen wieder.

Warst du erstaunt, wie viele Menschen du in deinem Herzen vorgefunden hast? Hattest du selbst so gut wie keinen Platz mehr? Oder bist du in einen großen, leeren Raum eingetreten? Möglicherweise hatten sich in deinem Herzraum Personen eingenistet, die du dort am wenigsten erwartet hättest. Wiederhole in diesem Fall die Übung, bis du sie alle »hinauskomplimentiert« hast. Manchmal kann es klug sein, einige Tage abzuwarten, bevor du die Übung wiederholst. So kann dein Unterbewusstsein eine Weile damit arbeiten. Verzweifle nicht. Du kannst getrost weitermachen – ganz gleich, ob alle schon gegangen sind oder nicht. Übe dich in Geduld mit dir selbst.

Lenes Tochter hatte Angst davor, ohne ihre Mutter zu sein. Die Achtjährige hatte es nie geschafft, bei Freundinnen zu übernachten: Lene musste ihre Kleine jedes Mal abends wieder abholen. Allmählich wurde das zum Problem. Kurz nachdem Lene diese Meditation durchgeführt und ihr Kind sachte aus ihrem Herzen »hinausgeschoben« hatte, sollte die Kleine versuchen, eine ganze Nacht lang bei einer Freundin zu bleiben. Nun wagte das Mädchen zum ersten Mal, auswärts zu übernachten. Und nicht nur das: Es fühlte sich auch sicher, obwohl es nicht bei seiner Mutter war. Keiner hat verstanden, wie das zugegangen war – außer Lene.

DIE QUELLE
Neben seiner rein physiologischen Funktion erfüllt das Herz auch eine energetische Aufgabe. Beide Ebenen lassen sich als »Quellen« bezeichnen. Vom physischen Herzen wird das Blut wie aus einer Leben spendenden Quelle durch

---

Warst du erstaunt, wie viele Menschen du in deinem Herzen vorgefunden hast? Hattest du selbst so gut wie keinen Platz mehr?

den Körper gepumpt. Im energetischen Herzen sprudelt eine unerschöpfliche Quelle deiner eigenen Energie, die in den Körper hineinströmen und ihm Nahrung zuführen kann. Wenn wir uns selbst und anderen etwas geben, sollten wir darauf achten, wie das physische Herz arbeitet: Es führt sich zuerst selbst Blut zu, bevor es den Körper mit Blut versorgt, denn die Blutzufuhr von der Hauptschlagader des Herzens liegt dem Herzen am nächsten. Erhielte das Herz keine Blutzufuhr durch diesen Kreislauf, käme es zum Herzstillstand.

Wenn es um unser Blut geht, verstehen wir das nur zu gut. Woran wir jedoch nicht denken: Das Gleiche gilt auch, wenn wir etwas von unserer Zeit abgeben oder anderen unsere Aufmerksamkeit schenken. Geben wir unsere Energie wahllos weg, ohne etwas davon für uns selbst zurückzuhalten, sind wir schließlich total ausgepowert.

Die Herzenergie versorgt die Zellen mit Nahrung. Deshalb ist es wichtig, sich selbst beständig etwas zu geben. So, wie unser Körper und unsere Zellen ohne eine kontinuierliche Blutzufuhr nicht funktionieren, so kann auch unser Körper ohne Energiezufuhr nicht optimal arbeiten. »Aber wenn ich mir selbst etwas gebe – wie kann ich dann anderen auch noch etwas geben?«, fragst du vielleicht. Genauso wie wir alle einen Körper mit einem Herzen haben, verfügen wir alle über eine unerschöpfliche Energiequelle. Jeder Einzelne von uns hat die Möglichkeit, sie zu nutzen – wie wir auch die Blutbahnen nutzen, um uns selbst zu ernähren.

Du nimmst anderen nichts weg, wenn du dir selbst etwas gibst. Jeder kann auf seine Energiequelle zugreifen. Daher ist es wichtig, sie kennenzulernen.

Du nimmst anderen nichts weg, wenn du dir selbst etwas gibst. Jeder kann auf seine Energiequelle zugreifen. Daher ist es wichtig, sie kennenzulernen.

Meditation

Die Herzquelle

Setz dich aufrecht und bequem hin, schließ die Augen und nimm ein paar tiefe Atemzüge.

Lass deine Aura eine Armlänge von deinem Körper entfernt einrasten.

Spür hin, wo in deinem Körper du dich jetzt befindest.

Wenn du auf Widerstände triffst, atme sie aus

und mehr von dir selbst und deiner eigenen Energie ein.

Leg eine oder beide Handflächen auf dein Herz und fühle deinen Herzschlag.

Richte deine Aufmerksamkeit auf dein Herz: Gibt es etwas, das es dir jetzt sagen möchte?

Im Innersten deines Herzens existiert eine Quelle: Du kannst sie wie eine Lagune, eine Grotte,

eine Flamme, einen Ton oder auf ganz andere Art erleben. Du weißt, dass sie da ist.

Empfinde sie auf deine einmalige, individuelle Weise und sei gewiss,

dass es so richtig für dich ist.

Geh in dein Herz und hin zu dieser Quelle.

Wie auch immer du sie erlebst – alles ist gleich gut.

Solltest du dort jemandem begegnen, lass ihn gehen –

entweder mit dem Ausatmen oder indem du ihn »hinaussingst«.

Verweile ein wenig bei deiner Quelle.

Wenn Gefühle, Gedanken oder andere Dinge aufsteigen, atme sie aus

und nimm beim Einatmen mehr von dir selbst und deiner Energie auf.

Spür die Energie deiner Quelle: Hat sie eine Farbe?

Erklingt dort ein besonderer Ton? Weht dort ein besonderer Duft?

Bade in deiner Quelle. Tauch ganz in sie ein und lass dich von ihr umhüllen.

Wisse, dass du es bist; dass diese Quelle unerschöpflich ist;

dass du, wenn immer nötig, wieder zu deiner Quelle gehen

und dich erneut energetisch aufladen kannst.

Hol dir deine eigene Kraft. Sie ist immer da, in unermesslicher Fülle.

Bleib eine Weile in der Quelle und koste ihre Wirkung aus.

❀ ❀ ❀

Steig nun wieder aus der Quelle heraus.

Richte deine Aufmerksamkeit auf den Herzschlag in deiner Brust

und fühle nach, wo in deinem Körper du jetzt gerade bist.

Danke dir selbst für die Schritte, die du getan hast, danke deinem Herzen

und deinem Körper für alles, was sie dir gezeigt haben.

Wenn du bereit bist, öffne die Augen wieder.

Wie sah deine Quelle aus? Vielleicht durchweht sie ein bestimmter Klang oder spezifischer Geruch? Etliche Menschen erleben sie als Quelle, mit frischem, Leben spendendem Wasser, die der Erde entspringt. Andere erfahren sie als Feuer. Für wieder andere ist es eine Kristallhöhle, ein See unter einem Wasserfall oder auch eine Lagune. Manche nehmen sie als Ton wahr, andere als Farbe oder als eine Empfindung. Unsere Quellen sind so vielfältig wie wir Menschen, die wir sie erleben. Wie sich immer von neuem zeigt, hat jeder von uns seine eigene Sprache, um mit sich selbst zu kommunizieren. Das bedeutet zugleich, dass wir hier untereinander keine Vergleiche ziehen können. Jeder von uns ist einzigartig und unverwechselbar. Wichtig ist jedoch, die Sprache des eigenen Körpers zu lernen. Mit dieser Kommunikation können wir wahrhaftige Sicherheit in uns selbst erlangen – und sie auch ausleben.

Unsere Quellen sind so vielfältig wie wir Menschen, die wir sie erleben.

Die Erde

LAUSCHE AUF DEIN HERZ UND KOMMUNIZIERE MIT DER ERDE

Im Vergleich zu früheren Zeiten erfahren wir Menschen heutzutage weniger Naturnähe. Wir wohnen in großen Städten, wo Häuserblocks und Asphalt das Stadtbild dominieren. Oft muss man weit hinausfahren, um in die freie Natur zu kommen.

Selbstverständlich war das Leben für unsere Vorfahren eine Strapaze, wenn sie mit gebeugtem Rücken, hockend oder kniend den Acker bestellen mussten. Damals hatte jeder täglich Berührung mit der Natur und den Tieren und lebte unmittelbar mit den Jahresrhythmen. Alles hatte seine Zeit. Im Zuge der industriellen Revolution haben die Maschinen uns eine enorme Steigerung der Effektivität beschert, uns andererseits aber mindestens genauso viel Nähe zu unseren Mitmenschen und den anderen Mitgeschöpfen gekostet. Anstatt uns persönlich zu treffen, kommunizieren wir mit Freunden oder Arbeitskollegen über SMS, E-Mails und Internet-Chats. Und wenn wir dann endlich in die Natur hinauskommen, soll es »actionreich« zugehen. Da gibt es Snowboarding mit dem iPod auf voller Lautstärke oder Rafting und Speedboote. Auf diese Weise verlieren wir den Kontakt mit der Erde. Kehrt – selten genug – einmal Ruhe ein, sind wir nicht mehr daran gewöhnt, darauf zu lauschen. Schnell stellt sich Langeweile ein. Wir halten Ruhe nicht mehr aus, werden »rastlos«, und füllen die Zeit deswegen mit noch mehr Anreizen. Wettbewerbsdenken und Effektivitätssteigerung haben auch unser Verhältnis zur Natur beeinflusst: Sind wir erst einmal unterwegs, müssen wir auf den höchsten Gipfel hinauf oder möglichst viele Naturerlebnisse an einem Tag »absolvieren«.

Ein »actiongeladenes« Naturerlebnis kann durchaus etwas Inspirierendes sein. Spaß ist wichtig, doch es ist auch wesentlich, die Natur mit den ihr innewohnenden Qualitäten zu erleben und aus dieser Perspektive heraus zu spielen und Freude daran zu haben. Wir wissen auch, dass viele Menschen in der Natur die Ruhe und Einfachheit suchen. Da kann ein Waldspaziergang das wahre Leben sein. Hauptsache, du bist in Balance, sodass du nach Lust und Laune ein actionreiches Erlebnis haben und trotzdem zur Ruhe kommen kannst: So begegnest du dir selbst im Kontakt mit der Natur und mit der Erde.

ERDUNG

Wir Menschen sind Teil der Natur – auf gleicher Ebene mit den Tieren, den Bäumen und dem Meer. Durch das Lauschen auf dein Herz öffnest du dich auch für die Kommunikation mit der Erde. Man nennt es »Erdung«, wenn man von seinem Herzen aus einen offenen Dialog mit der Erde führt. Erdung bringt dir das Gefühl von Sicherheit, weil du in deinem Körper eine innere Präsenz und eine Verankerung in der Erde schaffst. Physisch gesehen besteht das Zentrum der Erde nur aus Magma, Gesteinsschmelze, aber mit unserem geistigen Auge gelingt es uns, durch und in Meditationen dennoch einen Kern zu finden – oder dem Herzen der Erde zu begegnen.

Man nennt es »Erdung«, wenn man von seinem Herzen aus einen offenen Dialog mit der Erde führt.

Wenn wir uns sicher fühlen, fällt es uns leichter, das Leben bewusst zu lenken.

In Norwegen haben wir das Glück, der freien Natur relativ nahe zu sein, ganz gleich, wo wir wohnen. So nahe, dass wir sie in regelmäßigen Abständen genießen können. Das Umweltbewusstsein steht bei uns hoch im Kurs. Wir kaufen ökologische Lebensmittel, wir essen gesund, wir senken den CO_2-Ausstoß so weit wie möglich, wir treiben Sport, wir nehmen an der Debatte um die globale Erwärmung teil, wir haben Wassersparduschen und Energiesparlampen. So weit – so gut. Doch da gibt es noch einen anderen, tieferen Weg.

So wie wir gelernt haben, Signale unseres Körpers zu überhören, haben wir uns auch von der natürlichen Kommunikation mit der Erde abgekoppelt. Und dadurch verlieren wir unsere Erdung. Anzeichen für eine mangelhafte Erdung können zum Beispiel Verletzbarkeit, Furcht, Stress, Launenhaftigkeit und die Tatsache sein, dass wir rastlos von einem Projekt zum anderen hetzen oder häufig Wohnung und Ort wechseln. Wenn wir unsere Anwesenheit im Körper und die Verankerung in der Erde verlieren, verlieren wir auch unsere Belastbarkeit.

Wenn du auf einem Schiff bist und Sturm aufkommt, stemmst du dich dagegen. So hast du einen stabileren Stand und kannst die Windstöße besser abfangen. Dasselbe geschieht bei der Erdung: Wir werden stärker. Wir können allem begegnen – was auch immer das Leben mit sich bringt –, und nichts kann uns erschüttern – ganz gleich, was für ein Unwetter auch aufziehen mag. Wir erlangen einen Stand im Leben, den wir für sicher erachten. Dann fällt es uns leichter, das Leben bewusst zu lenken; wir sind auch weniger verletzbar. So können wir sagen: Die Erde bietet uns Schutz.

ELISABETH:

Wir haben eine Hütte in den Bergen, und für mich bedeutet es geerdet zu sein, wenn ich dort bin. Bevor ich mir bewusst wurde, dass Erdung für mich wichtig ist, verspürte ich oft den Impuls: »Jetzt bin ich reif für den Berg!« Seitdem weiß ich, dass es die Erdung ist, die ich dort suche. In der Hütte gibt es weder Strom noch fließendes Wasser. Dort herrscht Stille. Einfachstes Leben nach dem Motto »Zurück zu den Wurzeln«: Wasser holen, Holz hacken und Brot backen. Alles, was zu Hause zu den Selbstverständlichkeiten zählt, stellt auf der Hütte eine Notwendigkeit dar, für die man arbeiten muss. Ich erlebe eine andere Art von Reichtum, wenn der Abend kommt und Wasser sowie Holz im Haus sind. Dieser lebendige Kontakt mit der Natur verschafft mir Erdung und bewirkt, dass ich meinen Raum in mir selbst finde. Ich habe nichts, wohinter ich mich vor mir verstecken kann, und muss mir selbst begegnen.

Du brauchst natürlich nicht auf einen Berg zu steigen, um dich erden zu können. Allerdings fällt es leichter an einem Ort, wo du im Mittelpunkt stehst. So kannst du eine ehrliche Begegnung mit dir selbst herbeiführen und dich der Erde zuwenden. Wenn du erst einmal entdeckt hast, wie es sich anfühlt, geerdet zu sein, kannst du diesen Kontakt herstellen, wo auch immer du dich befindest: ob in der Großstadt oder auf dem Land, unterwegs zum Bus oder bei der Arbeit.

Die Erdung sorgt dafür, dass wir voll und ganz im Körper präsent sein können. Sie hilft uns, in der Gegenwart und in der Realität zu sein. Erdung ist ebenso wertvoll wie spirituelles Wachstum. Denn ohne Erdung wird das spirituelle Wachstum sich nur auf der energetischen Ebene vollziehen – also außerhalb des Körpers – und nicht in einer Realität, die in der physischen Welt verankert ist.

> Hast du erst einmal entdeckt, wie Erdung sich anfühlt, kannst du diesen Kontakt herstellen, wo auch immer du dich befindest.

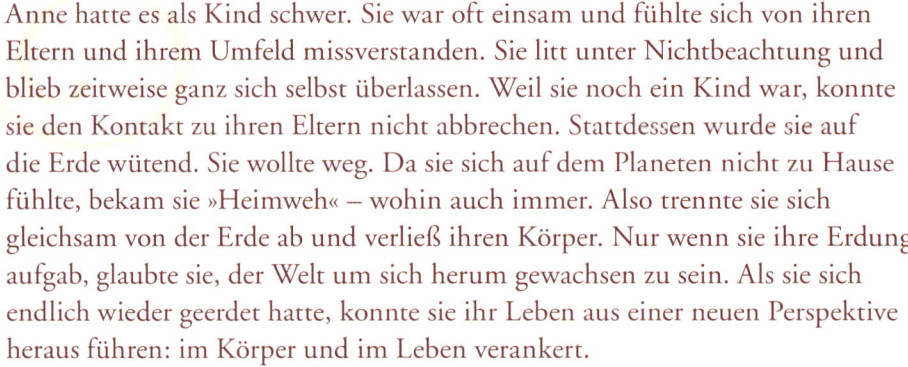

Wie kommen wir denn wieder in Kontakt mit der Erde?

Anne hatte es als Kind schwer. Sie war oft einsam und fühlte sich von ihren Eltern und ihrem Umfeld missverstanden. Sie litt unter Nichtbeachtung und blieb zeitweise ganz sich selbst überlassen. Weil sie noch ein Kind war, konnte sie den Kontakt zu ihren Eltern nicht abbrechen. Stattdessen wurde sie auf die Erde wütend. Sie wollte weg. Da sie sich auf dem Planeten nicht zu Hause fühlte, bekam sie »Heimweh« – wohin auch immer. Also trennte sie sich gleichsam von der Erde ab und verließ ihren Körper. Nur wenn sie ihre Erdung aufgab, glaubte sie, der Welt um sich herum gewachsen zu sein. Als sie sich endlich wieder geerdet hatte, konnte sie ihr Leben aus einer neuen Perspektive heraus führen: im Körper und im Leben verankert.

Wie kommen wir denn wieder mit der Erde in Kontakt? Zunächst sollten wir uns von dem Gedanken verabschieden, die spirituelle Entwicklung sei wichtiger als das alltägliche Tun und Lassen. Aus unserer Sicht sind beide gleichgestellt. In dem Buch »Wie oben, so unten« werden jahrtausendealte universelle Prinzipien aus dem Buch »Kybalion« beschrieben. Damit sind jene Gesetze gemeint, denen das Universum folgt, zum Beispiel das »Gesetz von *Ursache und Wirkung*«.

Das »Prinzip der *Analogie*« lautet: »Wie oben, so unten; wie unten, so oben.« Alles, was in den höheren Sphären geschieht, läuft auch in den niederen Sphären ab, und was in den niederen Sphären passiert, ereignet sich auch in den höheren. Legen wir diese Prinzipien zugrunde, heißt das: Die gleiche Energie und spirituelle Entwicklung, die in den höheren Sphären existieren, sind auch in den niederen Sphären, also auf der Erde, vorhanden.

Dasselbe Licht, dieselbe Größe. So wie uns die Unermesslichkeit des Universums überwältigt, empfinden wir auch eine ungeheure Faszination, wenn wir auf dem Zellniveau bis zur atomaren Ebene vordringen. Die Unendlichkeit existiert im Makrokosmos genauso wie im Mikrokosmos. Doch falls wir nur die Erfahrungen in der Weite dort draußen als »spirituell« gelten lassen wollen, und meinen, nur in dieser Sphäre leben zu können, entgeht uns jegliches spirituelle Wachstum, mit dem wir unseren Alltag bereichern könnten. Außerdem hindert uns schließlich niemand daran, die geistige Welt in unser tägliches Leben einzubeziehen: Wir könnten die Kinder vom Kindergarten oder von der Schule abholen – in völliger geistiger Präsenz. Oder eine gute Mahlzeit genießen und dabei achtgeben, was das Essen mit unserem Körper macht. Wie wäre es mit einem Spaziergang, bei dem du in den Wind hineinspürst? Welche Botschaft haben die Bäume für dich? Wie fühlt sich die Erde unter deinen Fußsohlen an? Wo in deinem Körper bist du, während du draußen umherwanderst? Wie wäre es mit einem »Dankeschön!« für alles, was dich umgibt? Vielleicht beschenkt die Natur dich sogar mit einer Antwort.

Wie wäre es mit einem Spaziergang, bei dem du spürst, wie der Wind sich anfühlt? Was wollen die Bäume dir sagen? Wie fühlt sich die Erde unter deinen Fußsohlen an?

Wir verharrten lange so, die Elenantilope und ich – in die gegenseitige Beobachtung vertieft. Sie hatte überhaupt keine Angst.

MÄRTHA:

Vor einigen Jahren war ich in Südafrika auf einem Retreat, um in tieferen Kontakt mit mir selbst und der Erde zu kommen. Der Seminarleiter hatte beobachtet, dass die Elenantilopen – recht große Tiere, etwa wie kleine Kühe, und normalerweise sehr menschenscheu – sich immer nur dann dem Haus näherten, wenn die Teilnehmer gerade mit Heilen beschäftigt waren.

Eines Nachmittags – wir waren gerade bei der Heilarbeit – fragte ich mich, ob die Tiere wohl auftauchen würden. Doch es ließ sich keine Elenantilope blicken. Ein paar Minuten später war ich auf dem Weg zu meinem Häuschen auf dem Gelände und hing meinen Gedanken nach. Plötzlich knackte links von mir ein Zweig. Ich erschrak und sprang zur Seite, bereit, es mit einem Löwen – oder wer auch immer das Knacken verursacht haben mochte – aufzunehmen. Und da begegnete mein Blick dem einer Antilope – sie stand nur wenige Meter von mir entfernt. Wir verharrten lange so, die Elenantilope und ich – in die gegenseitige Beobachtung vertieft. Sie hatte überhaupt keine Angst.

Die Erdung geht vom Herzen aus und reicht bis ins Zentrum der Erde hinein. Sie bildet eine Art »Kommunikationskanal« von deinem Herzen bis tief hinein ins Herz der Erde. Durch diese Röhre kannst du alles, was du nicht länger brauchst, und alles, was nicht zu dir gehört, in die Erde schicken und damit loslassen: gespeicherte Erinnerungen und Erlebnisse; die Sichtweise anderer Menschen auf dein Leben; alte Gedankenmuster, mit denen du nichts mehr zu tun haben möchtest. Die Erde gleicht einem unerschöpflichen Energiequell. Und das Herz der Erde transformiert die sogenannten Negativenergien in etwas Neues, Leben Spendendes. So wie die Erde natürlichen Abfall auf ihrer Oberfläche abbaut, kompostiert und in Humus umwandelt, in dem neue Pflanzen gedeihen, formt sie auch unsere verbrauchten Energien um: In »Neuland«, auf dem wir wachsen und woraus wir Kraft ziehen können – wie Liebe, Sicherheit und Lebenshalt.

MEDITATION

Das Herz der Erde

Setz dich aufrecht und bequem hin, schließ die Augen und atme einige Male tief ein und aus.

Lass deine Aura eine Armlänge von deinem Körper entfernt einrasten.

Spür hin, wo in deinem Körper du dich jetzt befindest.

Wenn du auf Widerstände triffst, atme sie aus und atme dafür mehr von dir selbst und deiner eigenen Energie ein.

Leg eine oder beide Handflächen auf dein Herz und richte deine Aufmerksamkeit darauf.

Frag nach, ob es etwas gibt, das du jetzt wissen solltest. Warte die Antwort ab.

Wenn dabei Widerstände, Energien anderer Menschen oder Gefühle auftauchen, atme sie aus und atme mehr von deiner eigenen Energie ein.

Richte deine Aufmerksamkeit wieder auf dein Herz und erspüre deinen Herzschlag mit den Handflächen.

Schicke einen Herzschlag ins Herz der Erde hinunter.

Sende ihn durch deinen Bauch und das Becken in den Boden, lass ihn vielleicht durch verschiedene Schichten zum Erdmittelpunkt gelangen – bis ins Herz der Erde.

Löse dich von den alten Bildern, wo der Kern der Erde als eine rot glühende Kugel erscheint.

Gestatte dir die Freiheit deiner ganz persönlichen Begegnung mit dem Herzen der Erde.

Blicke auf das Herz der Erde, fühle es oder erlebe es als Ton, als Farbe oder auf deine höchst individuelle Weise.

Richte deine Aufmerksamkeit wieder auf dein Herz und schicke erneut einen Herzschlag ins Herz der Erde hinunter.

Beginne, die Antwort der Erde in deinem Herzen zu spüren.

Das kann ein Herzschlag sein, der zurückkommt, ein warmer oder kühler Schauer, der dich überläuft, ein Ton, ein Gefühl oder eine Farbe. Du wirst es erkennen. Nimm an, was auch immer es sein mag, nimm es an in Selbstakzeptanz und Selbstliebe.

Bleib einige Zeit dabei, deine Herzschläge bis tief in die Erde hinunter zu senden und Antworten von ihr zu empfangen. Dieser Austausch von Herzenergie erzeugt deine Kommunikation mit der Erde – deinen persönlichen Erdungskanal.

Spür hin, was in deinem Herzen geschieht, wenn deine Energie und die Energie der Erde sich dort mischen.

❀ ❀ ❀

Das Herz der Erde ist ein Energiequell. Alles, was wir loslassen, wird vom Herzen der Erde in Leben spendende Energie umgewandelt.

Frag dein Herz, ob es jetzt gerade etwas loswerden möchte.

Lass alles, wovon du dich verabschieden willst, als Farbe, als Ton, als Bild, als Ereignis oder auf eine dir eigene, besondere Weise aufleuchten.

Umfange alles mit dem Herzen und lass es dann in deinen Erdungskanal hineingleiten, mit der gleichen Selbstverständlichkeit, mit der du einen Stein zu Boden fallen ließest.

Lass los, atme dabei aus, und atme dann mehr von dir selbst und deiner eigenen Energie ein.

❀ ❀ ❀

Lass alles los, was dir in der Meditation begegnet ist: Gefühle, Widerstände, Töne, Farben, einfach alles, und sende es den Erdungskanal hinunter.

Danke dir selbst für die Schritte, die du getan hast, und danke deinem Herzen, deinem Körper und der Erde für die Kommunikation.

Wenn du bereit bist, öffne die Augen wieder.

Was auch immer du erlebt hast – alles dient dir als Information über dich selbst. Es existiert kein Richtig oder Falsch. Du brauchst dich nicht zu fragen: »Mache ich das jetzt richtig?«, denn das tust du in jedem Fall. Mag sein, du hast nichts erlebt oder es ist dir nicht gelungen, ganz zum Herzen der Erde vorzudringen. Vielleicht hattest du auch ein grandioses Erlebnis. Ganz gleich, wie und was es ist – es sagt dir etwas darüber, wie stark du inzwischen geerdet bist.

Und das kann sich weiter zum Positiven hin verändern, wenn du es ein weiteres Mal versuchst. Solltest du – mindestens ein wenig – Kontakt mit dem Herzen der Erde aufgebaut haben, wiederhole diese Meditation immer wieder, bis dein Erdungskanal schließlich ganz tief ins Herz der Erde hineinreicht.

Auf Pferdefreunde kann das Reiten selbst wie auch der Aufenthalt im Stall erdend wirken. Hat jemand aber große Angst vor Pferden, lässt ihn schon allein der Gedanke daran aus seinem Körper heraustreten. Manche Menschen erden sich, indem sie die höchsten Gipfel erklimmen, andere wieder leiden unter Höhenangst. Da wir Menschen insgesamt höchst unterschiedlich sind, lässt sich nur schwer verallgemeinern, was uns erdet. Doch in die Natur zu gehen, sie hautnah zu erleben, den Stress im Körper abzubauen sowie regelmäßig und gesund zu essen – das erdet jeden Menschen.

ELISABETH:

Ich habe gesehen, was die Natur mit meinen vier Kindern macht. Zu Hause gibt es so viele »Störfaktoren« in Form von Fernsehen, Computer und Freizeitaktivitäten. Deshalb erscheint es mir immer fast wie Magie, wenn ich sehe, was mit meinen Kindern passiert, wenn wir zu unserer Berghütte fahren, wo diese »Störungen« wegfallen: Die Kinder bekommen bei der einfachen, intensiven Begegnung mit der Natur einen ganz anderen Kontakt zu ihrem Körper. Das zeigt sich dann auch bei ihrem Spielen, wo sie trotz ihres Altersunterschieds immer neue Bezüge untereinander herstellen. Sie strahlen eine ganz andere Harmonie aus.

Es ist wichtig, dass du dir selbst dessen bewusst wirst, was dich erdet. Gibt es einen bestimmten Ort, wo dir das besonders gut gelingt und wo du sein möchtest? Gibt es etwas Besonderes, das du unternehmen willst? Frag dein Herz danach.
Diese Meditation solltest du ruhig in gewissen Abständen wiederholen.

In die Natur zu gehen, sie hautnah zu erleben, den Stress im Körper abzubauen sowie regelmäßig und gesund zu essen – das erdet jeden Menschen.

MEDITATION

Erdung
für dich

Setz dich aufrecht und bequem hin, schließ die Augen und nimm ein paar tiefe Atemzüge.

Lass deine Aura eine Armlänge von deinem Körper entfernt einrasten.

Spür hin, wo in deinem Körper du dich jetzt befindest.

Hol ein paarmal tief Atem – falls du dabei Widerständen begegnest, atme sie aus und atme mehr von dir selbst und deiner eigenen Energie ein.

Frag dein Herz, ob es dir jetzt etwas mitteilen möchte.

Warte die Antwort ab und nimm entgegen, was auch immer kommen mag.

Sende einen Herzschlag bis tief ins Herz der Erde hinein und warte auf Resonanz.

Sei offen für jede Art von Antwort.

Sei mit deiner Aufmerksamkeit im Herzen und sende noch einen Herzschlag ins Herz der Erde.

Warte die Antwort der Erde ab – es kann ein Bild, ein Ton, ein Gefühl oder ein Gedanke sein.

Nimm sie an, ganz gleich, in welcher Form du sie erhältst.

Immer, wenn du einen Herzschlag zum Herzen der Erde sendest, bekommst du eine Antwort.

Geh mit deinem Bewusstsein in dein Herz und spür hin, was damit geschieht, wenn sich beide Energien dort vermischen – deine eigene Energie und die Energie der Erde.

✳ ✳ ✳

Frag dein Herz, ob du noch etwas Besonderes dazu beitragen kannst,
um gut geerdet zu sein.
Sei präsent in dir selbst und nimm jede Antwort an – wie auch immer sie
aussehen oder sich anfühlen mag.
Erkundige dich, ob es vielleicht einen Ort gibt, an dem du dich besonders
gut erden kannst.

❀ ❀ ❀

Lass alles, was du erlebt hast, in deinen Erdungskanal hinuntergleiten.
Lass los.
Danke dir selbst für die Informationen, die du erhalten und für die
Schritte, die du getan hast.
Wenn du bereit bist, öffne die Augen wieder.

In bestimmten Phasen leben wir von den Energien anderer. Das heißt: Während wir heranwachsen, sind wir unweigerlich dem Einfluss der Menschen in unserer Umgebung ausgesetzt.

Denn in einem Monat wirst du vielleicht etwas ganz anderes zu deiner Erdung brauchen als das, was dir heute dabei geholfen hat. Folglich ist ein kleiner »Realitätscheck« – bezogen auf dich selbst und deine Erdung – sehr sinnvoll. Empfängst du dieselbe Antwort, heißt das, du bist auf dem richtigen Weg und kannst mit dir zufrieden sein, weil du deinem Körper die optimalen Bedingungen verschaffst, um sich zu erden. Sollte etwas Neues in Erscheinung treten, darfst du dir selbst danken, weil du aufmerksam genug gewesen bist, um es wahrzunehmen. Wie auch immer: Alles ist positiv und ein Geschenk an dich.

DEINE GANZ PERSÖNLICHE VERBINDUNG MIT DER ERDE
In bestimmten Phasen leben wir von den Energien anderer. Das heißt: Während wir heranwachsen, sind wir unweigerlich dem Einfluss der Menschen in unserer Umgebung ausgesetzt. Angenommen, du wärst ein Kind, das gerne auf Bäume klettert und dort herumturnt. Deine Mutter hat jedoch panische Angst davor, du könntest herunterfallen und dich verletzen. Also schlägt sie die Hände vors Gesicht und schreit entsetzt: »Vorsicht, pass bloß auf, dass du nicht herunterfällst und dir ein Bein brichst! Es ist lebensgefährlich, so in dem Baum herumzubalancieren! Willst du dich umbringen? Ich kann das gar nicht mit ansehen!« Dieses Verhalten deiner Mutter mag letztendlich dazu führen, dass du dich irgendwann nicht mehr traust, auf Bäume zu klettern. Denn sobald du das tust, hörst du in deinem Inneren die Worte deiner Mutter und siehst ihre Schreckensgeste vor dir. Das spielt sich bewusst oder unbewusst in dir ab. Jedenfalls gibst du vielleicht das geliebte Baumkraxeln auf.

Ursprünglich warst du keineswegs ängstlich, *aber du lernst, dich zu fürchten*, und infolgedessen schränkst du den Aktionsradius deines Körpers ein. Im Grunde ist es nicht einmal deine eigene Angst, sondern die deiner Mutter. Doch am Ende übernimmst du ihre Vorstellungen und richtest dein Leben danach aus.

Oft geschieht das in Bereichen, wo wir es aus irgendeinem Grund gar nicht erwartet hätten, oder wir wagen es nicht, uns in gewissen Phasen oder zu bestimmten Zeitpunkten innerhalb unseres Umfelds auszuleben. Das gilt auch für die Erdung. Nimm einmal an, du machst als Kind folgende Erfahrung: Deine Mutter vermittelt dir die Sicherheit und den Halt, die du in dir selbst nicht zu finden glaubst – also beginnst du vielleicht, dich über sie zu erden. Möglicherweise leitest du deine eigene Erdung nur aus der Erdung deiner Familie ab.

Tom war eigentlich Bildhauer. Aber dann hatte er einen Betrieb geerbt und eine entsprechende Ausbildung gemacht, um mitreden zu können. Einige Jahre lang arbeitete er in dem Betrieb und stellte seine Kunst zurück. Seine Frustration stieg. Obwohl von außen betrachtet alles in Ordnung schien – er hatte eine Frau, Kinder, Haus, Auto und genug Geld –, wuchs in ihm das Gefühl, sich selbst zu kompromittieren. Seine Stellung brachte Stress und Hektik mit sich. Doch der Gedanke, den Familienbetrieb aufzugeben, ängstigte ihn. Er wälzte seine Verpflichtungen im Kopf hin und her – die klar im Raum stehenden wie auch die subtileren. Die Erwartungen seines Umfelds wie auch die Angst, seine Leute im Betrieb zu enttäuschen und als Egoist dazustehen, hielten ihn lange Zeit davon ab, auszubrechen. Erst nachdem er den Stressjob an den Nagel gehängt und zu malen begonnen hatte, kehrte sein Leben allmählich in normale Bahnen zurück.

Möglicherweise leitest du deine eigene Erdung nur aus der Erdung deiner Familie ab.

Tom hatte sich über seine Familie und den Betrieb geerdet. Doch das war nicht seine wirkliche Erdungsfrequenz. Und obwohl es nach außen so schien, als wäre in seinem Leben alles in Ordnung, fühlte es sich in seinem Inneren keineswegs stimmig an. Erst als Tom aufhörte, sich über seine Familie und den Betrieb zu erden, fand er seine eigene Erdung und konnte sich in seinem Leben entfalten.

Doch das Ganze funktioniert auch so herum: Wenn du jemand anderen unterstützt, wird dessen Erdungskanal in deinen eigenen übergehen. Manche Menschen ergreifen sogar Besitz von der Erdung anderer! Das ist beispielsweise der Fall, wenn dein Vater behauptet, alles, was in deinem Leben sicher und gut ist – ausreichend Essen auf dem Tisch, das Haus, in dem du wohnst und vieles mehr – hättest du ausschließlich ihm zu verdanken. Er betrachtet deinen Raum, den Raum, den du um dich herum zur Verfügung hast, als seinen eigenen. Das kann zur Folge haben, dass du den Anspruch auf deinen persönlichen Erdungskanal aufgibst – an deiner statt zieht dein Vater dort ein. Oft bemerken wir es gar nicht einmal, dass jemand in unsere Erdung eingedrungen ist – vielleicht weil das schon in unserer Kindheit geschah. Aber auch in einem solchen Fall kann auf subtile Weise das Gefühl von Unstimmigkeit spürbar werden.

Der Gedanke, jemand könnte in deine Erdung eingedrungen sein

Balders Mutter benutzte ihren Sohn, um sich selbst zu erden: Sie schöpfte ihre eigene Identität voll und ganz aus seiner Erdung – vor allem ihren Kummer, der immer schwerer wog als die Leiden und Freuden ihres Sohnes. Weshalb Balder in Folge sein Leben oft und völlig unbewusst nach den Wünschen seiner Mutter ausrichtete. Doch dann gelang es Balder, die Mutter mithilfe einer Meditation aus seiner Erdung zu drängen. Und er erkannte, dass er sich damit sein Recht auf ein selbstbestimmtes Leben zurückerobert hatte. Seine Mutter hingegen empfand große Einsamkeit, weil sie durch Balders Befreiung ihre frühere Stütze – sprich: Erdung – verlor.

Der Gedanke, jemand könnte in deine Erdung eingedrungen sein oder du in die seine, mag dir zunächst seltsam erscheinen. Vertrau in dieser Hinsicht auf dein eigenes Empfinden. Schau, was sich während deiner nächsten Meditation ereignet. Solltest du bei deiner Erdung auf jemand anderen stoßen (falls das überhaupt geschieht), bleib unbedingt offen und akzeptiere es. Begegne dem anderen voller Achtung und mit Neutralität. Auch hier helfen uns Töne beim Loslassen.

oder du in die seine, mag dir zunächst seltsam erscheinen.

MEDITATION

Fremde Energien auflösen

Setz dich aufrecht und bequem hin, schließ die Augen und atme einige Male tief ein und aus.

Lass deine Aura eine Armlänge von deinem Körper entfernt einrasten.

Spür hin, wo in deinem Körper du dich jetzt gerade befindest.

Atme Widerstände aus und atme dafür mehr von dir selbst in deinen Körper ein.

Leg eine oder beide Handflächen auf dein Herz. Fühle deinen Herzschlag im Körper.

Frag dein Herz, ob es dir etwas sagen möchte.

Sende einen Herzschlag bis tief ins Herz der Erde hinein und warte die Antwort ab. Stell den Kontakt und den Energieaustausch mit dem Herzen der Erde her.

Sende erneut einen Herzschlag ins Zentrum der Erde. Lass ihn durch deinen Körper zum Boden hinuntergleiten, durch den Boden, vielleicht durch verschiedene Schichten hindurch, bis er im Herzen der Erde angelangt ist.

Solltest du dabei auf andere Menschen oder Widerstände treffen, führe jedes Mal folgende Übung aus:

Finde einen Ton in der Frequenz, auf der die betreffende Person festsitzt.

Sing ihn laut und gut hörbar heraus.

Finde einen »Schlüsselton«, um loszulassen. Sing auch diesen Ton laut und deutlich.

Finde zum Abschluss den Ton deiner Frequenz in diesem Bereich. Stimme ihn klar und laut an und spür hin, was dabei in dir geschieht.

Geh weiter – zur nächsten Person, die möglicherweise auftaucht, oder zum nächsten Widerstand – und suche wieder nach den jeweils passenden Tönen, bis du schließlich tief ins Herz der Erde vorgedrungen bist.

***

Lass alles, was du erlebt hast, in deinen Erdungskanal hinuntergleiten. Lass los.

Danke dir selbst für die Schritte, die du getan hast. Danke deinem Herzen, deinem Körper und der Erde für die Kommunikation.

Wenn du bereit bist, öffne die Augen wieder.

Ist dir bei deiner Erdung jemand begegnet? Möglicherweise hast du es diesmal noch nicht ganz bis zum Herzen der Erde geschafft. Vielleicht haben die Menschen, die dir begegnet sind, nicht sofort losgelassen. Das macht nichts, denn du kannst die Meditation wiederholen, sooft du möchtest. Und wenn es so weit ist, werden die anderen schließlich loslassen und du wirst deinen ganz eigenen Kontakt mit dem Herzen der Erde aufnehmen.

Warst du überrascht, welche Menschen du in deinem Erdungskanal angetroffen hast? Bisweilen glauben wir, Probleme mit einer bestimmten Person zu haben, doch wie sich dann herausstellt, haben wir in Wahrheit mit jemand ganz anderem Stress. Vielleicht war es deine Mutter, die in deiner Erdung verhaftet war und sogar mehrmals auftauchte? Du hast erkannt, dass du dich gar nicht von ihr lösen wolltest und es falsch war, sie zu zwingen, dich zu verlassen. »Sie war ja immer da«, dachtest du. In einer solchen Lage sollten wir uns unbedingt klar machen, dass jeder von uns in seinem Inneren eine eigene Kraftquelle besitzt, aus der er schöpfen kann. Und jeder verfügt über dieselben Möglichkeiten, diese Kraft für sich zu nutzen. Ob du das tust oder nicht, ist alleine deine Entscheidung. Das gilt auch für die Person, die du loslassen willst: Falls du dich dazu entschließt, soll das mit Freude und in Liebe zu dir selbst und zu dem betreffenden Menschen geschehen. Das erleichtert die Übergänge. Falls deine Mutter innerlich nicht wirklich damit einverstanden ist, dass du sie aus deiner Erdung drängst, reagiert sie möglicherweise ärgerlich auf dich, ohne zu wissen, weshalb. Oder es ergeht ihr wie Balders Mutter, die in dem Moment, als sie aus der Erdung ihres Sohnes weichen musste, das Gefühl großer Einsamkeit verspürte. Eine solche Situation lässt sich mit dem folgenden Bild gut illustrieren: Ein Mensch hatte die lebensnötige Wärme über lange Zeit aus dem Kamin eines anderen bezogen und jetzt, wo er in sein eigenes Zuhause zurückkehren muss, ist es dort sehr kalt; vielleicht hat er sogar vergessen, wie man ein Feuer anzündet.

Diese Meditation ist ein starkes Werkzeug, auf das die Menschen in deiner Umgebung möglicherweise mit Ablehnung reagieren. Hab Geduld mit ihnen, denn du weißt ja, sie verhalten sich deshalb so, weil du sie aus deiner Erdung vertrieben hast. Das ist vollkommen in Ordnung. Lass sie ruhig so reagieren. Die Tatsache, dass sie anfangen müssen, sich selbst zu erden, kann bei ihnen zu einem Wachstum führen, das sie eigentlich umgehen wollten. Eventuell fühlen sie sich deshalb provoziert – weil sie die Verantwortung für ihr Leben jetzt selbst übernehmen müssen.

Mitunter kann sein »Rauswurf« aus der fremden Erdung für den betreffenden Menschen auch eine große Erleichterung bedeuten. Möglicherweise gewinnt die Beziehung zwischen euch an Qualität. Vielleicht tretet ihr euch plötzlich auf einer neuen Ebene gegenüber – auf Augenhöhe. Es mag auch sein, dass du gar keine Reaktion bekommst. Denk immer daran: Nichts ist richtig oder falsch. Für dich zählt dein Erleben.

Jeder von uns besitzt in seinem Inneren eine eigene Kraftquelle. Und jeder verfügt über dieselben Möglichkeiten, diese Kraft für sich zu nutzen.

DIE FUSSCHAKRAS

Wir nehmen die Erdenergie nicht allein durch den Erdungskanal auf, sondern auch über die Energieportale an unseren Füßen. Neben den sieben Hauptchakras, die sich an unserer Wirbelsäule entlangreihen, besitzen wir weitere, kleinere Energiezentren in verschiedenen anderen Körperregionen, dazu gehören auch die in der Fußsohlenmitte liegenden Fußchakras. Und genauso wie wir selbst unsere Aurahülle ausdehnen und einziehen können, lassen sich unsere Chakras durch unsere Willenskraft beeinflussen. Dazu brauchst du dir nur vorzustellen, deine Fußchakras zu öffnen – dann geschieht das auch. Das mag für deine Ohren viel zu einfach klingen, doch es funktioniert tatsächlich so leicht und auf ganz natürliche Weise. Wenn du in der Mitte deiner Fußsohlen Wärme, ein Kribbeln oder etwas Ähnliches spürst, ist das ein Zeichen dafür, dass die Fußchakras offen sind – aber vielleicht brauchst du das gar nicht, weil es dir ohnedies klar ist.

Sollte du es in den vorausgegangenen Meditationen noch nicht geschafft haben, dich richtig zu erden, wiederhol die Übungen einfach, bis es dir gelingt. Geh möglichst oft hinaus in Wald und Feld. Such dort den Kontakt zur Erde.

Geh möglichst oft hinaus in Wald und Feld. Such dort den Kontakt zur Erde.

ÜBUNG

Auf Bewusst-
seinsreise
gehen

Geh an einem Ort spazieren, wo es dir sehr gut gefällt: im Wald, am Meer, in den Bergen ...

Atme ein paarmal tief ein und aus und spür hin, wo in deinem Körper du gerade bist: Nur im oberen Teil? Oder bist du in Kontakt mit deinen Beinen? Sitzt du vielleicht in deinem Bauch?

Öffne deine Fußchakras, das heißt, stell dir einfach vor, sie seien geöffnet.

Fühle, wie die Energie aus der Erde in deine Füße fließt.

Werde dir der Art bewusst, in der dein Fuß mit dem Boden in Kontakt tritt: Setzt du ihn hart auf oder weich?

Berührst du den Boden zuerst mit der Ferse oder mit der Fußspitze?

Erforsche den Boden unter deinen Füßen: Fühlt er sich warm oder kalt an, hart oder weich und angenehm, oder völlig anders?

Spür in dein Herz hinein, während du weitergehst. Möchte es dir jetzt etwas sagen?

Sende einen Herzschlag von deinem Herzen aus tief ins Herz der Erde.

Dann noch einen – und warte auf die Antwort der Erde. Sie kann in Form eines Bildes, eines Tons, als ein Gefühl oder ein Gedanke aufsteigen. Nimm an, was und wie es kommt.

Sooft du einen Herzschlag in die Erdmitte hinunterschickst, wirst du eine Antwort erhalten.

Sei mit deinem Bewusstsein im Herzen und spür hin, was dort geschieht, wenn deine eigene Energie und die Energie der Erde sich vermischen.

Wenn die Verbindung zwischen dir und der Erde steht, spür nochmals in deine Beine: Wie fühlen sie sich jetzt an?
Lass die Energie aus der Erde in deine Füße einströmen. Spürst du Wärme, ein Kribbeln oder etwas Ähnliches in der Mitte der Fußsohlen, dann sind – wie du weißt – deine Fußchakras offen.
Sende jedes Mal, wenn du einen Fuß aufsetzt, alles, was du loswerden willst, in die Erde hinunter. Das können Widerstände sein, Blockaden oder »Seelenmüll« wie Angst, Wut, Trauer, Verbitterung, Negativurteile über dich selbst und andere Menschen.
Konzentriere dich darauf, all dies über den Erdungskanal des Herzens und über die Fußchakras auszuschleusen.
Nimm dir Zeit und lass alles in Ruhe los. Vergiss dabei nicht, es auch auszuatmen.

✻ ✻ ✻

Wenn du alles losgeworden bist, fang an, die Energie der Erde in dich einströmen zu lassen – jedes Mal, wenn du einen Fuß auf den Boden setzt. Mach das eine ganze Weile so weiter und nimm die Erdenergie nur über deine Füße auf.
Lass diese Energie in dein Herz hochsteigen und sich dort mit deiner eigenen Energie vereinen.

✻ ✻ ✻

Gib in dem Moment, wo du deinen rechten Fuß aufsetzt, Widerstände in die Erde ab.

Sobald dein linker Fuß die Erde berührt, nimm Energie auf.

Mach auch das eine Weile weiter: mit dem rechten Bein abgeben, mit dem linken Bein aufnehmen.

Spür hin, was jetzt in deinem Körper vor sich geht, und vergiss dabei das bewusste Ausatmen nicht.

✾ ✾ ✾

Sobald du das Gefühl hast, diese Übung lange genug durchgeführt zu haben, wechsle die Seiten:

Nimm nun mit dem rechten Bein Energie auf und leite alles über das linke Bein aus,

atme es zugleich aus.

Spür hin, was das mit deinem Körper macht.

✾ ✾ ✾

Wenn du meinst, nun sei es genug, lass den Körper in seinen eigenen Rhythmus von Aufnehmen und

Abgeben zurückschwingen, ohne ihn dabei bewusst zu steuern.

Nimm die Natur um dich herum mit allen Sinnen wahr

und bring deinen Atem mit dem ihren in Einklang.

Gute Reise!

Im Sommer wirst du diese Übung besonders genießen, denn dann kannst du sie barfuß machen – dadurch intensivierst du deinen Kontakt mit der Erde.

HIMMLISCHE ERDENSPEISE

Was dich am besten erdet, kannst nur du wissen. Es wird dich immer bereichern, eine die Erdungsübung verstärkende Aktivität zu finden. So kannst du deinen Alltagspflichten nachkommen und zugleich bewusst mit dir selbst in Kontakt bleiben. Wir beide, Märtha Louise und Elisabeth, die wir selbst Kinder haben, backen und kochen mit Begeisterung. Das erdet uns. Unserem Gefühl nach erden uns einige Speisen stärker als andere. Das gilt vor allem für Linsen, Bohnen und Wurzelgemüse. Deshalb möchten wir diese Rezepte mit dir teilen.

Wie bereits erwähnt, hat alles seine eigene Frequenz. Diese Schwingungsenergie wird von außen beeinflusst, beispielsweise durch den Einsatz von Düngemitteln, durch die Ernteverfahren und die Verpackungsmaterialien. Daher solltest du nach Möglichkeit darauf achten, ökologisch erzeugte Nahrungsmittel zu verwenden, denn sie sind ihrer ursprünglichen Frequenz am nächsten. Und hier bekommst du nun einige Rezepte für himmlische Erdenspeisen ...

Wir beide, Märtha Louise und Elisabeth, die wir selbst Kinder haben, kochen und backen mit Begeisterung. Das erdet uns.

50 g frische Hefe
2 TL Rohrrohzucker für den Vorteig
1,5 l lauwarmes Wasser
1 kg gesiebtes Dinkelauszugsmehl
250 g geschrotetes Dinkelmehl
2 EL unraffiniertes Meersalz
4 Handvoll Haferflocken
4 Handvoll Kleie
2 Handvoll Sonnenblumenkerne
2 Handvoll Sesamsamen
2 Handvoll Leinsamen

Außerdem kannst du noch getrocknete Brennnesseln, Nüsse, Flohsamen, Quinoamehl, Sojamehl, geraspelte Karotten, Keimlinge jedweder Art (auch von Linsen oder Bohnen) oder andere Lieblingszutaten beimengen. Deiner Fantasie sind keine Grenzen gesetzt.

MAGISCHES ERDENBROT

Hast du schon einmal einen Brotteig gemacht, der wunderbar locker wurde und prima aufging? Nun, jetzt hast du die Chance dazu! Das Geheimnis besteht darin, dass du einen Vorteig machst: 4 EL von dem lauwarmen Wasser und 2 EL Mehl abnehmen, in eine (nicht zu kleine) Schüssel füllen, den Zucker dazu geben und die Hefe darüber zerkrümeln, abdecken und an einem warmen Ort etwa 20 Minuten gehen lassen.

Fülle diesen Vorteig nun in eine große Backschüssel und gib das restliche Wasser und das Mehl zu und vermenge alles sorgfältig. Knete dann einen geschmeidigen, gut feuchten Teig, den du anschließend in der zugedeckten Schüssel gehen lässt – etwa 45 Minuten lang bzw. bis er sein Volumen verdoppelt hat.

Knete dann alle anderen Zutaten unter. Verteile den fertigen Teig auf zwei Brotbackformen, decke sie ab und lass den Teig weitere 45-60 Minuten gehen. Back deine Brotlaibe dann im vorgeheizten Ofen je nach Höhe der Form auf der unteren oder mittleren Schiene bei 200 °C etwa 35–40 Minuten lang aus. Wenn du unsicher bist, ob sie schon durch sind, mach die Stricknadelprobe: Stich in einen Brotlaib hinein – klebt beim Herausziehen kein Teig mehr an der Nadel, ist er fertig.

Lasst es euch schmecken und genießt dieses Brot voller Dankbarkeit und Freude am Leben!

*300 g grüne getrocknete
Linsen, evtl. vorher
einweichen
1,5 l Wasser
2 Gemüsebrühwürfel
2 fein gehackte Zwiebeln
3 fein gehackte
Knoblauchzehen
2 EL gemahlener
Kreuzkümmel
4 EL Sojasauce
1 Dose Kokosmilch
Pfeffer und Salz
dazu evtl. Fladenbrot
oder Reis*

HIMMLISCHE LINSENSUPPE

Gib die Linsen zusammen mit den Gemüsebrühwürfeln ins Wasser und lass das Ganze aufkochen. Füge Zwiebeln, Knoblauch, Kreuzkümmel, Sojasauce und Pfeffer hinzu. Lass alles bei niedriger Hitze etwa 20 Minuten lang köcheln.

Gieß die Kokosmilch dazu, lass die Suppe dann auf kleiner Flamme etwa 10 Minuten weiterköcheln und runde ihren Geschmack anschließend mit Pfeffer und Salz ab.

Sehr lecker mit Fladenbrot, aber auch mit Reis. (Koch den Reis dazu in einem eigenen Topf gar und gib ihn erst dann zur Suppe. Wenn man ihn in der Suppe kocht, saugt der Reis viel Flüssigkeit auf und das Ganze wird eher ein dicker Linseneintopf als eine Suppe.)

In fröhlicher Runde ein Genuss!

*1 l gekochter Naturreis
(am besten Basmati)
50 ml gegarte schwarze
Augenbohnen, selbst gekocht oder
aus der Dose
10 sonnengetrocknete Tomaten
1 Handvoll Kürbiskerne
1 gute Handvoll gehackter frischer
Koriander
abgeriebene Schale von
2 Bio-Zitronen
abgeriebene Schale von
1 Bio-Limette
Saft einer Zitrone
Saft einer Limette
20–30 ml gekeimte Mungobohnen
10 ml gutes Olivenöl
2–3 Knoblauchzehen
unraffiniertes Meersalz und frisch
gemahlener schwarzer Pfeffer nach
Geschmack*

REISSALAT MIT SCHWARZEN AUGENBOHNEN

Ein Vertreter des Fastfood, der tatsächlich erdet!

Leg die sonnengetrockneten Tomaten in eine kleine Schüssel und gieß heißes Wasser darüber. Lass sie stehen, während du die restlichen Zutaten vorbereitest.

Fülle den Reis, die Augen- und Mungobohnen, Kürbiskerne, Koriander sowie die Zitronen- und Limettenschale in eine große Schüssel.

Für das Dressing zerdrückst du den Knoblauch im Mörser zusammen mit etwas grobkörnigem, unraffiniertem Salz. Füll ihn in ein Schüsselchen um. Füge das Öl unter Umrühren tropfenweise hinzu. Gib den Zitronen- und Limettensaft, Salz und Pfeffer hinzu.

Gieß nun das Tomatenwasser ab und tupfe die Tomaten mit Küchenkrepp trocken. Schneide sie in kleine Stücke und wende sie in dem Dressing. Heb dann alles unter die Reismischung.

Serviere den Reissalat als Beilage zu anderen Gerichten oder mit Vollkornbrot als Hauptgericht.

Energiekeimsprossen
zählen zu den
höchstwertigen
Nahrungsmitteln
überhaupt.

ENERGIEKEIMSPROSSEN

Es ist geradezu unglaublich einfach, Keimsprossen selbst entstehen zu lasssen; außerdem macht es Spaß und hat einen Hauch von Magie.

Nimm an Samen, was du gern keimen lassen möchtest – seien es Bohnen, Erbsen, Linsen oder sonstiges –, und weiche sie über Nacht in einem Einmachglas ein. Nimm ein großes Glas, denn der Inhalt quillt stark auf.

Am nächsten Tag gießt du das Wasser ab und spülst das Keimgut sorgfältig durch. Leg dann ein sauberes kleines Mulltuch über den Rand des Einmachglases und fixiere es mit einem Gummiring. Platziere das Glas mit der Öffnung nach unten schräg auf einer Untertasse und stell es bei Raumtemperatur dunkel – beispielsweise in einen Schrank. Die Keimlinge müssen einmal täglich mit kaltem Wasser durchgespült werden. Sie sind verzehrfertig, wenn ihr Trieb herausschaut: Wie lange das dauert, variiert stark, es hängt vom jeweiligen Keimgut ab. Wenn du nicht alle Sprossen auf einmal verbrauchst – du kannst den Rest im Kühlschrank noch gut ein paar Tage aufbewahren.

Energiekeimsprossen zählen zu den höchstwertigen Nahrungsmitteln überhaupt und sind sehr vielseitig verwendbar.

Lass deiner Fantasie einfach freien Lauf!

500 g getrocknete Limabohnen,
mindestens 12 Stunden lang
eingeweicht
2 große, frische Rosmarinzweige
15 ml gutes Olivenöl, extra
vergine
1 kleine Handvoll unraffiniertes
Meersalz
kaltes Wasser zum Kochen

ENGELCHEN

Spül die Bohnen unter fließendem kaltem Wasser gut ab. Gib sie in einen Topf mit dickem Boden und gieß kaltes Wasser darüber, bis die Bohnen einige Zentimeter hoch bedeckt sind. Lass das Ganze aufkochen. Wenn das Wasser zu schäumen beginnt, gib etwas kaltes Wasser hinzu. Heb den Schaum mit einem Löffel ab. Füge Salz, Rosmarin und Olivenöl hinzu. Lass die Mischung kochen, bis die Bohnen gar sind. Achte aber darauf, dass sie nicht zerkochen!

Zieh dann den Topf von der Kochplatte und lass das Bohnengericht bei geschlossenem Deckel noch eine gute Weile durchziehen, am besten ein paar Stunden. Danach haben die Bohnen das Fett und den Geschmack der anderen Zutaten aufgesogen, und du wirst verstehen, weshalb sie »Butterbohnen« oder auch »Engelchen« heißen.

Für eine geschmackliche Variante kannst du die Limabohnen durch kleine weiße Bohnen ersetzen, die du allerdings vorher mindestens zwei Stunden lang einweichen solltest. Koch das Rezept nach wie oben beschrieben und zerdrück die Bohnen dann aber zu Püree.

Einfach und einfach herrlich!

Das Universum

ES IST DEINE FREIE ENTSCHEIDUNG, OB DU DIE VERANTWORTUNG FÜR DEIN LEBEN ÜBERNEHMEN WILLST

FÜR UNS MENSCHEN IST ES EBENSO NATÜRLICH, VERBINDUNG MIT UNSEREM KÖRPER, UNSEREM EIGENEN HERZEN UND DEM HERZEN DER ERDE AUFZUNEHMEN, WIE AUF DER GEISTIGEN EBENE ZU KOMMUNIZIEREN. Es existiert eine universelle Liebeskraft, die alles durchzieht und alles umfasst – du kannst sie »Gott«, »das All«, »das Eine«, »Göttin«, »Gottheit«, »das Universum« oder sonstwie nennen: Auch wenn sie noch so viele Namen trägt, es bleibt immer dieselbe Kraft.

Ein Beispiel: Stell dir vier Personen vor, die ihr ganzes Leben lang gemeinsam auf ein- und demselben Segelboot unterwegs waren. Eines Tages bekommen sie die Aufgabe, Segelunterricht zu erteilen. Jeder von ihnen soll einzeln auf dem Boot unterrichten, mit dem sie gesegelt sind und das sie alle »im Schlaf kennen«. Und obwohl sie alle auf demselben Boot gesegelt sind, die identische Ausrüstung zur Verfügung hatten und mit denselben Naturelementen konfrontiert waren, wird jeder von ihnen seine ganz persönlichen Erfahrungen und Vorstellungen davon haben, wie das mit dem Segeln am besten funktioniert. Daher werden sie ganz sicher verschiedene Prioritäten setzen und vier unterschiedliche Segelschulen gründen. (Dasselbe wäre übrigens auch bei 50 Seglern der Fall.)

Nicht anders ist es mit unserer spirituellen Kommunikation: Wir sprechen alle von derselben Kraft. Wir erleben sie nur unterschiedlich – aus unseren individuellen Blickwinkeln und Erfahrungen heraus.

KONTAKT MIT DER SPIRITUALITÄT

Der Kontakt mit der spirituellen Ebene ist für uns ebenso wichtig wie unsere Erdung. Wir meinen damit die Begegnung mit der universellen Liebeskraft, die in uns und überall um uns herum vorhanden ist. Bevor wir jedoch die Kommunikation damit aufnehmen, müssen wir uns unbedingt erden. Außerdem müssen wir ganz in unserem Körper präsent sein. Wie wir schon früher erwähnt haben, steht es natürlich jedem von uns frei, sich ausschließlich für die Kommunikation auf der geistigen Ebene zu entscheiden, doch bereitet das höchstens die halbe Freude. Wir benötigen die Energie der Erde, damit eine Idee oder Inspiration in physische Realität umgesetzt werden kann.

Während der Meditationen in den vorausgegangenen Kapiteln hast du die Verbindung zwischen dem Herzen der Erde und deinem eigenen Herzen ja wohl als »Erdung« erlebt. Aus physikalischer Sicht besitzt die Erde keinen solchen Kern; ihr glühendes Inneres besteht aus Magma, aus Gesteinsschmelze. Doch in der Meditation können wir uns das »Herz der Erde« vor unser inneres Auge holen und ihm dort begegnen.

Ziel der nächsten Meditationen ist die Verbindung unserer Herzen mit dem Herzen des Universums – dem Mittelpunkt des Universums. Auch hier gilt: Rein physikalisch betrachtet, existiert kein derartiges Zentrum, doch mithilfe der Meditation können wir es dennoch finden. So wie wir uns die Zwiesprache mit dem Herzen der Erde vorstellen, genauso kommunizieren wir auch mit dem Herzen des Universums.

»Kontakt mit der spirituellen Ebene« bedeutet für uns die Begegnung mit der universellen Liebeskraft, die in uns und überall um uns herum vorhanden ist.

Weshalb sollen wir denn eigentlich Verbindung zum Herzen des Universums aufnehmen? Wir Menschen bestehen bekanntlich aus Materie *und* aus Energie. Das eröffnet uns die Möglichkeit, mit allem Materiellen, aber auch mit allen Formen von Energie in Kontakt zu treten. Unsere Erdung ist die Kommunikation mit der irdischen spirituellen Welt. Der Kontakt mit dem Herzen des Universums steht für die Kommunikation mit der universellen Spiritualität. Aus dieser Verbindung schöpfen wir Ideen und göttliche Eingebungen – und auf dieser Ebene können wir auch den Engeln begegnen. Es ist, als stelle das Universum den Keim für unsere Existenz bereit und die Erde diene als Treibhaus. Aus dem Zusammenspiel aller dieser Kräfte geht der Mensch hervor – gleich einer Pflanze, die für ihr Wachstum Sonne und Wärme, Erde und Wasser benötigt.

Aus dieser Verbindung schöpfen wir Ideen und göttliche Eingebungen – und dort können wir auch den Engeln begegnen.

Es ist, als stelle das Universum den Keim für unsere Existenz bereit und die Erde diene als Treibhaus.

MEDITATION

Das Herz des Universums

Setz dich aufrecht und bequem hin, schließ die Augen und atme einige Male tief ein und aus.

Lass deine Aura eine Armlänge von deinem Körper entfernt einrasten.

Spür hin, wo in deinem Körper du dich jetzt gerade befindest.

Atme Widerstände, denen du begegnest, aus und dafür mehr von dir selbst und deiner eigenen Energie ein.

Leg eine oder beide Handflächen auf dein Herz und erfühle den Herzschlag bewusst mit deinen Handflächen.

Sende einen Herzschlag von dir zum Herzen der Erde hinab und warte auf Antwort.

Versuche, bei jedem Herzschlag den Energieaustausch mit dem Herzen der Erde bewusst wahrzunehmen.

Spüre, wie deine Energie und die Energie der Erde sich in deinem Herzen vereinen.

Sende nun einen Herzschlag hinauf ins Zentrum des Universums. Lass ihn durch deine Brust, den Hals, den Kopf und durch den Scheitel hochsteigen, vielleicht durch verschiedene Schichten hindurch bis weit hinauf und ganz hinein ins Herz des Universums.

Lass die alten Bilder los, dass das Universum kein Zentrum hat.

Erlaube dir, deine ganz persönliche Erfahrung mit dem Herzen des Universums – dem Mittelpunkt des Universums – zu machen.

Betrachte das Herz des Universums, fühle es, erlebe es als einen Ton, eine Farbe oder auf deine ganz individuelle Art und Weise.

Entsende erneut einen Herzschlag ins Herz des Universums.

Und lass ihn ganz tief hineindringen.

Bleib mit deinem Bewusstsein in deinem Herzen, während du die Herzschläge zum Herzen des Universums schickst.

Beginne, die Antwort vom Herzen des Universums in deinem Herzen zu spüren. Das kann ein Herzschlag sein, der echoähnlich zu dir zurückkommt, ein warmer oder kühler Schauer, der dich überläuft, ein Ton, ein Gefühl oder auch etwas völlig anderes.

Nimm entgegen, was auch immer kommt, und akzeptiere es voll und ganz.

Fahr noch eine Weile damit fort, deine Energie ins Herz des Universums zu senden und seine Energie zu empfangen. Verfolge achtsam, was mit deinem Herzen geschieht, wenn deine Energie sich dort mit der Energie der Erde und der des Universums vereint.

Werde dir des Kanals bewusst, den du vom Herzen des Universums durch dein Herz bis tief ins Herz der Erde angelegt hast. Indem du Energie durch diese »Röhre« strömen lässt, erschaffst du in deinem Herzen eine Begegnung zwischen Himmel und Erde. Jeder deiner Herzschläge breitet sich von deinem Herzen nach oben und nach unten aus – wie konzentrische Wellenkreise im Wasser, nachdem du einen Stein hineingeworfen hast. Du brauchst nur eines zu tun: in deinem Herzen aufmerksam präsent zu sein. Jeder deiner Herzschläge dringt bis ins Herz der Erde und bis ins Herz des Universums vor. Empfange beider Antworten in deinem Herzen.

Lass nun alles los, die Widerstände, Gefühle oder Töne, einfach alles, was dir während dieser Meditation begegnet ist, und schleuse es durch deinen Erdungskanal aus.

Danke dir selbst für die Schritte, die du getan hast, und danke deinem Herzen, der Erde und dem Universum für die Kommunikation.

Wenn du bereit bist, öffne die Augen wieder.

Konntest du dem Herzen des Universums unkritisch begegnen? Ist dir das gelungen? Fantastisch! Und wenn nicht, *ist auch das fantastisch*. Beides dient dir als Information über deine ganz persönliche Verbindung mit der universellen Liebeskraft. Das ist für jeden anders – ebenso wie jeder Mensch sich auf seine spezifische Weise erden muss. Hast du eine Farbe gesehen oder einen Ton gehört? Hast du ein Gefühl verspürt oder etwas völlig anderes wahrgenommen? Denk daran: Es ist deine Sprache, die du entdeckst – du bekommst eine Information über deine Kommunikation. Und vergiss nicht: Alles ist gleich gut – was auch immer du erlebt haben magst.

DEINE GANZ PERSÖNLICHE VERBINDUNG MIT DEM HERZEN DES UNIVERSUMS

Möglicherweise liegt deine ganz persönliche Kommunikation mit dem Herzen des Universums schon lange zurück. Mag sein, dass du diesmal unterwegs einem Menschen begegnet bist, den du kennst … Möglicherweise hat jemand anderes darüber bestimmt, wie dein Kontakt oder deine Kommunikation mit der spirituellen Ebene aussehen sollte? Gibt es da vielleicht jemanden, der besser zu wissen glaubt, wie das zu bewerkstelligen ist?

Lass uns ein Gedankenexperiment durchführen: Stell dir vor, jemand käme und erklärte dir, etwas an deiner Verliebtheit sei nicht richtig, dein Gefühl sei nicht echt. Stell dir weiter vor, er würde behaupten, man könnte die Echtheit dieses Gefühls daran erkennen, dass der Verliebte einen Puls von 220 Schlägen pro Minute aufwiese. Dann hättest du zwei Möglichkeiten: Entweder du sagst dir selbst, das Ganze ist ausgemachter Unsinn und vertraust weiterhin auf deine

Hast du eine Farbe gesehen oder einen Ton gehört? Hast du ein Gefühl verspürt oder etwas ganz anderes wahrgenommen?

eigene innere Stimme, dein »Bauchgefühl« – oder du hörst auf dein Gegenüber, und zweifelst an dir, weil dein eigenes Erleben und die fremden Behauptungen nicht zusammenstimmen

Sind wir ganz »irdisch« verliebt, vertrauen wir durchaus auf unsere eigenen Gefühle. Doch viele von uns sind schon Menschen begegnet, die besser zu wissen glauben, wie unser Kontakt mit der »höheren Sphäre«, der universellen Liebeskraft, aussehen und wie wir sie künftig erleben sollten. Doch wisse eines: Es ist allein deine Entscheidung – jeder Mensch hat die Möglichkeit, seinen eigenen Vorstellungen und Empfindungen zu folgen und zu handeln, wie er es für richtig hält. Eine Legende beschreibt das genau, sie heißt: »Das Gebet des Hirtenjungen«.

Ein junger Hirte spricht von Herzen mit Gott. Er drückt aus, wie sehr er Gott liebt, indem er ihn mit einem Lamm oder einem Wolf vergleicht – aber er zündet keine Kerze an und kniet auch nicht nieder. Eines Tages kommt ein Gelehrter vorbei und beobachtet die Zwiesprache des Hirten mit Gott. Er erklärt dem Hirten, das Beten sei eine Kunst: Man müsse dazu eine Kerze anzünden, die Hände falten, in der Heiligen Schrift lesen und niederknien. Von diesem Tag an betet der Hirte nicht mehr.

Eines Nachts hört der Gelehrte im Traum eine Stimme, die zu ihm sagt: »Willst du mir die Gebete unschuldiger Kinder nehmen? Der Hirte ist kein Gelehrter und kennt keine schwierigen Worte, aber er hat von Herzen gebetet, und jetzt vermisse ich seine Gebete jeden Tag.«

Bei Tagesanbruch begibt der Gelehrte sich sofort auf den Weg zu dem Hirtenjungen und fragt ihn, ob er für sie beide beten dürfe. »Lieber Gott«, sagt der Gelehrte, ohne eine Kerze anzuzünden und ohne in der Heiligen Schrift zu lesen. »Wäre ich ein Hirtenjunge, so spräche ich aus meinem Herzen zu dir. Und ich ließe es nicht zu, dass mich jemand daran hindert: kein Lamm, kein Wolf und auch kein selbstherrlicher alter Mann.«

Jeder Mensch kann und darf sich auf seine ganz eigene Art mit dem Herzen des Universums verbinden.

Wenn du deine Art, mit der universellen Liebe zu kommunizieren, beiseite schiebst und stattdessen die eines anderen Menschen übernimmst, bringst du damit zum Ausdruck, dass du deine eigene Art nicht für wert genug hältst. Das bedeutet, du schneidest dich von deiner eigenen Kraftquelle ab und stellst die Energien anderer – das heißt, deren Vorstellungen, Erfahrungen oder Lösungswege – über deine eigenen. Unserer Ansicht nach kann und darf jeder Mensch sich auf seine ganz eigene Art mit dem Herzen des Universums verbinden – genauso wie auch jeder von uns seinen ganz persönlichen Kontakt mit dem Herzen der Erde herstellt.

Wichtig ist dabei nur, dass jeder bei sich erspürt, was für ihn selbst stimmig ist. Denn wir Menschen haben auch in diesem Bereich unterschiedliche Bedürfnisse. Manche Menschen brauchen Sicherheit und orientieren sich gerne an jemandem, der ihnen vorgibt, auf welche Weise sie sich mit dem Göttlichen verbinden sollen. Andere haben das Bedürfnis, ihren Weg mit einem Guru oder spirituellen Meister zu gehen. Dagegen ist nichts einzuwenden. Beides ist gut. Alles im Leben dient uns als Lektion – egal, ob man es so oder so macht. Wesentlich ist nicht, welche Entscheidung du triffst, sondern mit welchem Bewusstsein du sie triffst. Keine Herangehensweise ist richtiger als die andere. Falls du der universellen Liebe auf deine ganz bestimmte Art begegnen und daran auch nichts ändern möchtest, so ist das völlig in Ordnung. In diesem Fall kannst du die nächste Übung einfach auslassen. Spür hin und finde heraus, was für dich richtig ist. Sollten dir auf dem Weg zum Herzen des Universums Bekannte begegnet sein oder du hast erlebt, dass deine Herzschläge nicht angekommen sind, hast du vielleicht Interesse daran, die Blockaden in deinem Kommunikationskanal aufzulösen. Wieder setzen wir Töne ein, um loszulassen.

Keine Herangehensweise ist richtiger als die andere. Falls du der universellen Liebe auf eine ganz bestimmte Art begegnen und daran auch nichts ändern möchtest, so ist das völlig in Ordnung.

Meditation

Fremde Energien ausschleusen

Setz dich aufrecht und bequem hin, schließ die Augen
und atme einige Male tief ein und aus.

Lass alles los, was du getan hast oder noch tun willst, und komm ins Hier und Jetzt.

Lass deine Aura eine Armlänge von deinem Körper entfernt einrasten.

Spür hin, wo in deinem Körper du dich jetzt gerade befindest.

Falls dir dabei Widerstände begegnen, atme sie aus und atme dafür mehr von dir selbst und deiner
eigenen Energie ein.

Leg eine oder beide Handflächen auf dein Herz. Nimm deinen Herzschlag im Körper bewusst wahr.

Frag dein Herz, ob es dir etwas sagen möchte.

Sende einen Herzschlag zum Herzen der Erde hinab und nimm die Antwort in deinem Herzen entgegen.

Stell von deinem Herzen aus den Energiefluss zum Herzen der Erde her.

Sende einen Herzschlag zum Herzen des Universums und warte auf Antwort – das kann ein Bild, ein Ton,
ein Gefühl oder ein Gedanke sein. Nimm die Antwort in deinem Herzen entgegen.

Sende nun einen weiteren Herzschlag ins Herz des Universums: durch deine Brust, den Hals und den
Kopf, durch den Scheitel hindurch und tief ins Herz des Universums hinein.

Sollten dir dabei Personen oder Widerstände begegnen, führe jedes Mal folgende Übung aus: Finde
einen Ton in der Frequenz, auf der die Person festsitzt. Sing ihn frei heraus – laut und klar.

Finde einen Ton als »Lösungsschlüssel«. Stimm auch diesen Ton laut und klar an.

Finde zum Abschluss einen Ton deiner Frequenz in diesem Bereich. Singe ihn laut und klar, spür hin, was
dabei in dir geschieht.

Lass deinen Herzschlag weiter pulsieren und bis hin

zum Herzen des Universums strömen.

Wende dich nun der nächsten Person zu, auf die du triffst, oder dem nächsten

Widerstand, der sich dir entgegenstellt, suche und finde auch hier die passenden Töne.

Wiederhole sie, bis du im Herzen des Universums angelangt bist.

✾ ✾ ✾

Richte die Aufmerksamkeit nun wieder auf dein Herz.

Mit jedem Herzschlag pulst die Energie aus dir heraus – so wie konzentrische

Wellenkreise im Wasser, nachdem du einen Stein hineingeworfen hast. Sie breitet sich

aus und fließt gleichzeitig zum Herzen des Universums und zum Herzen der Erde.

Sei mit deinem Bewusstsein im Herzen und spür hin, was in dir geschieht, wenn

die Energie der Erde und die Energie des Universums sich mit dir und deiner ganz

persönlichen Essenz vereinen.

Koste diese Empfindungen für eine Weile voll aus.

✾ ✾ ✾

Lass die Gefühle los, die Widerstände oder Töne, ja alles, was dir während dieser

Meditation begegnet ist, und sende sie durch deinen Erdungskanal hinunter.

Danke dir selbst für die Schritte, die du getan hast, und danke deinem eigenen Herzen,

der Erde und dem Universum für die Kommunikation.

Wenn du dazu bereit bist, öffne die Augen wieder.

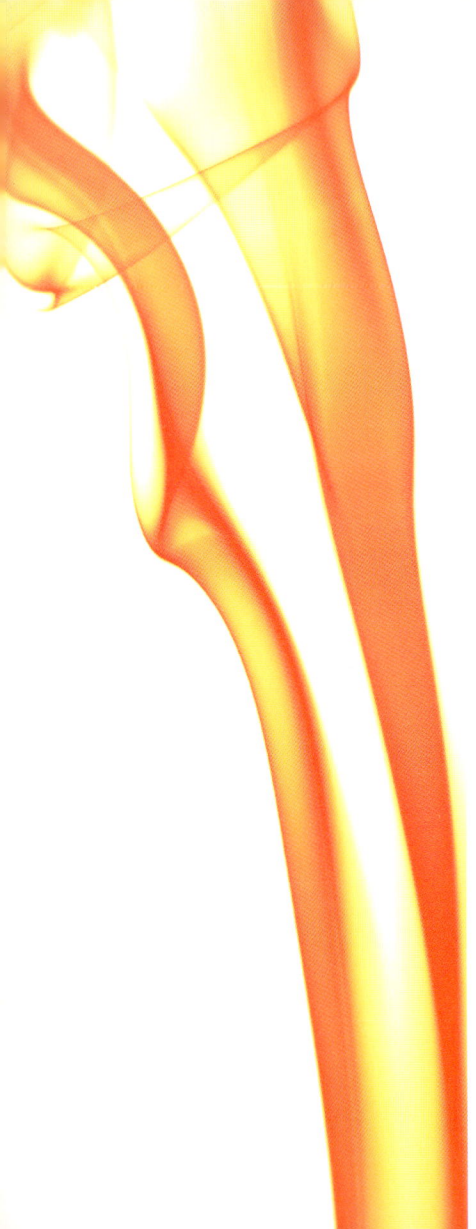

Bist du auf deinem Weg zum Herzen des Universums jemandem begegnet? Vielleicht hattest du jemand anderen erwartet. Ahntest oder wusstest du, dass gerade diese Person sich dort befinden würde? War es eine Erleichterung, sich von diesem Menschen zu verabschieden, oder hat es dich schmerzlich berührt? Wollte der Betreffende vielleicht nicht freiwillig gehen?

Dazu sollst du eines wissen: Du hast irgendwann beschlossen, diesen Menschen dort zuzulassen. Damals hast du »Nein« zu deinen eigenen Vorstellungen und »Ja« zu denen des anderen gesagt.

Bewusst oder unbewusst – manche Menschen können das Licht anderer nicht ertragen. Vielleicht haben sie selbst ihre Wahrheit aufgegeben und dulden es deshalb nicht, dass andere ihre Wahrheit haben. Die Erinnerung an das Opfer, das sie selbst irgendwann einmal gebracht haben, schmerzt sie zu sehr. Und deshalb hindern sie die Menschen in ihrer Umgebung daran, in ihrer Wahrheit zu stehen und darin zu erstrahlen. Doch bedenke: Du bist kein kleines Kind mehr! Du kannst heute neue Entscheidungen treffen, ohne von den Menschen in deinem Umfeld abhängig zu sein. Ja, du kannst dich *genau jetzt* dafür entscheiden, die Verantwortung für dein Leben selbst zu übernehmen, ohne Rücksicht auf jene, die dich davon abhalten. Du kannst dich dafür entscheiden, frei zu sein.

Du kannst dich *genau jetzt* dafür entscheiden, die
Verantwortung für dein Leben selbst zu übernehmen.
Du kannst dich dafür entscheiden, frei zu sein.

Unsere tiefste Angst ist nicht die, dass wir unzulänglich sind.

Unsere tiefste Angst ist die, dass wir über die Maßen machtvoll sind.

Es ist unser Licht, nicht unsere Dunkelheit, das uns am meisten erschreckt.

Wir fragen uns: Wer bin ich, dass ich so brillant, großartig, talentiert, fabelhaft sein sollte?

Aber wer bist du denn, dass du es *nicht* sein solltest?

Du bist ein Kind Gottes.

Wenn du dich kleinmachst, dient das der Welt nicht.

Es hat nichts von Erleuchtung an sich, wenn du dich so schrumpfen lässt, dass andere Leute sich nicht mehr durch dich verunsichert fühlen.

Wir sollen alle so leuchten wie die Kinder.

Wir sind dazu geboren, die Herrlichkeit Gottes in uns zu manifestieren.

Sie existiert in allen von uns, nicht nur in ein paar Menschen.

Und wenn wir unser eigenes Licht leuchten lassen, erlauben wir auch unbewusst anderen Menschen, das Gleiche zu tun.

Wenn wir von unserer eigenen Furcht befreit sind, befreit unsere Gegenwart automatisch auch andere.

Marianne Williamson (*1952), aus: »Rückkehr zur Liebe«

Das Beste im Leben

EIN GESCHENK AN DICH SELBST – IN LEICHTIGKEIT

Zu den wichtigsten Lektionen im Leben gehört es, sich selbst beschenken zu lernen. Viele halten es für egoistisch, zuerst an sich selbst zu denken. Wer sich selbst hintanstellt, gilt deshalb oft als aufopferungsvoll und selbstlos. Doch kein Mensch hat sein Auto für eine lange Fahrt vollgetankt, um kurz vor dem Start seinen Sprit an fünf andere abzugeben. Jedem ist klar, dass er auf diese Weise mit seinem Wagen nicht sehr weit kommen wird. Mit unserem Energiehaushalt ist es nicht anders: Geben wir unsere Energie an andere ab, ohne genug davon für uns selbst zu behalten, werden wir auch nicht allzu viel erreichen. Vielleicht stehen wir diesen Zustand eine Zeit lang durch, ein Jahr oder auch zwei, aber eines Tages sind wir schließlich leer und ausgebrannt.

Bis zu diesem Punkt hast du die Kommunikation mit dem Körper, dem Herzen, der Erde und dem Universum Schritt für Schritt gelernt und aufgebaut. Nun erhältst du – als letzten Teil unserer Basismeditation – das »Geschenk an dich selbst«. So, wie der Körper sich selbst über das Blut mit Nährstoffen versorgt, müssen wir ihn auch mit Energie versorgen. Und es es wichtig, dem Körper diese Nahrung beständig zuzuführen. Mit zunehmender Übung in dieser Art von Meditation kannst du immer rascher darin »eintauchen«, ganz gleich wo du gerade bist: im Bus, an der roten Ampel, beim Anstehen in einer Warteschlange, beim Friseur oder unter der Dusche.

So, wie der Körper sich selbst über das Blut mit Nährstoffen versorgt, müssen wir ihn auch mit Energie versorgen.

BASIS-MEDITATION

Geschenk an dich selbst

Setz dich aufrecht und bequem hin, schließ die Augen und atme einige Male tief ein und aus.

Lass alles los – alles, was du getan hast und was du noch tun willst, und komm ins Hier und Jetzt.

Lass deine Aura eine Armlänge von deinem Körper entfernt einrasten.

Spür hin, wo in deinem Körper du dich gerade befindest.

Falls du dabei auf Widerstände triffst, atme sie aus und atme dafür mehr von dir selbst und deiner eigenen Energie ein.

Leg eine oder beide Handflächen auf dein Herz.

Fühle deinen Herzschlag im Körper ganz bewusst über deine Hände.

Frag dein Herz, ob es dir etwas mitteilen möchte.

Sende einen Herzschlag bis tief ins Herz der Erde hinab und warte auf die Antwort in deinem Herzen.

Wie du weißt, besteht ein kontinuierlicher Fluss, ein Energieaustausch, zwischen dem Herzen der Erde und deinem eigenen Herzen.

Sende einen Herzschlag ins Herz des Universums hinauf und warte auf die Antwort in deinem Herzen.

Wie du weißt, besteht ein kontinuierlicher Fluss, ein Energieaustausch, zwischen dem Herzen des Universums und deinem eigenen Herzen.

Erlebe bewusst, wie deine ganz persönliche Energie, die Energie der Erde und die Energie der universellen Liebe sich in deinem Herzen vereinen.

Spür achtsam hin, wie dein Herz, das Herz der Erde und das Herz des Universums sich verbinden, und es dabei zu einem Austausch kommt: Der Kanal stellt die Ganzheit her, die Verbindung zwischen Himmel und Erde, und du selbst bist das Bindeglied.

Lass die Energie aus den drei Energien nun von deiner Herzquelle direkt in dein Herz fließen.

Wenn sein Bedarf gestillt ist, lass die Energie weiter in deinen Körper und in jede einzelne Zelle hineinströmen – von der Wirbelsäule bis in die äußersten Hautschichten.

Lass dich davon ganz erfüllen.

Sobald der Körper gesättigt ist, lass die Energie hinausströmen in deine Aura, um auch sie zu nähren. Ist die Aura ganz erfüllt, lass den Energieüberschuss an der Außenseite der Aurahülle entlang fließen, um sie zu reinigen, und sende den Rest dann deinen Erdungskanal hinunter bis ins Herz der Erde hinein.

Sei mit deinem Bewusstsein ganz tief in deinem Herzen. Deine Quelle liefert unaufhörlich Energie, sie ist unerschöpflich, sie ist mit der Erde und dem Universum verbunden, lass sie deinem Herzen, deinem Körper und deiner Aura Nahrung spenden. Der Energieüberschuss fließt entlang der Außenseite der Aurahülle bis ins Herz der Erde hinunter.

Bleib eine Weile in diesem Zustand und mit dem Bewusstsein in deinem Herzen. Dein Herz kommuniziert mit dem Herzen der Erde und dem Herzen des Universums, während du die versammelte Energie in deinen Körper und deine Aura strömen lässt. Nimm dir dafür ruhig viel Zeit.

❅ ❅ ❅

Während du dasitzt und dich selbst beschenkst, machen sich möglicherweise Gefühle, Ereignisse, Widerstände und anderes in deinem Bewusstsein bemerkbar. Nimm all das in dein Herz auf und lass es deinen Erdungskanal hinuntergleiten. Atme alles aus, was in dein Bewusstsein hochgestiegen ist, und atme dafür mehr von dir selbst und deiner eigenen Energie ein.

❅ ❅ ❅

Richte deine Aufmerksamkeit wieder auf dein Herz, das mit dem Herzen der Erde und dem Herzen des Universums verbunden ist.

Du kannst dir vornehmen, dich auch weiter in dieser Weise zu beschenken, nachdem du die Meditation beendet hast.

Danke dir selbst für die Schritte, die du getan hast.

Danke deinem Körper, der Erde und dem Universum für die von ihnen empfangenen Geschenke.

Wenn du bereit bist, öffne die Augen wieder.

Ist es dir leichtgefallen, dich selbst zu beschenken? Oder erschien es dir schwierig? Hat dir das Aufnehmen der Energie in bestimmten Regionen deines Körpers mehr Mühe bereitet als bei anderen? Bist du während deiner Meditation auf Menschen gestoßen, die dir weismachen wollten, du tätest etwas Verbotenes? Lass dich nicht irritieren oder gar einschüchtern: Du kennst die entsprechenden Hilfsmittel, um dem Widerstand in dir zu begegnen und die fremden Energien aus deinem Körper oder deiner Aura auszuleiten: Du kannst den Widerstand oder die betreffende Person ausatmen und dich beim Einatmen mit dir selbst und deiner eigenen Energie auffüllen. Oder du arbeitest mit Tönen: Finde einen Ton auf der Frequenz, auf der die Person festsitzt; finde einen »Schlüsselton« mit dessen Hilfe du loslassen kannst, und finde einen Ton für dich selbst und deine Energie in diesem Bereich.

Wiederhole diese Meditation am besten einige Male, dadurch machst du dich stärker mit dem Gefühl vertraut. Wie schon gesagt: Diese Meditation geht überall. »Na, klar«, denkst du jetzt vielleicht, »sie hat ja auch bloß eine halbe Stunde gedauert.« Gib nicht gleich auf: Bräuchten wir selbst jedes Mal eine halbe Stunde dazu, wäre das auch für uns ein zeitlicher Luxus – und dann hätten wir einen anderen Weg gesucht, um uns so oft wie möglich selbst beschenken zu können.

Wenn du diese Meditation ein paarmal geübt hast, wird es dich künftig nur ein paar Sekunden kosten, um in Fluss zu kommen.

Vertraue uns: Wenn du diese Meditation ein paarmal geübt hast, wird es dich künftig nur ein paar Sekunden kosten, um in Fluss zu kommen. Nimm vom Herzen her Kontakt mit der Erde auf, dann mit dem Universum, und lass den Energiestrom zu, der vom Herzen aus deinen Körper und deine Aura »auflädt«.

Ob es dir bereits nach dem dritten Mal oder erst nach drei Wochen gelingt, die Energieverbindung mithilfe dieser Meditation rasch herzustellen, spielt keine Rolle. Gestehe dir selbst die nötige Zeit zu und setz dich nicht unter Druck. Erlaube dir, die Meditation in Ruhe auszuführen und jede Sekunde zu genießen.

Wiederhole die Übung so oft, bis du sie »im Schlaf« beherrschst. Wenn du im Alltag irgendwo unterwegs bist, konzentriere dich einige Minuten lang, um in Fluss zu kommen und Energie zu tanken – beispielsweise im Bus auf dem Weg zur Arbeit. Du kannst auch einige Minuten in der Garderobe oder in deinem Büro verbringen, bevor du anderen gegenübertrittst. Richte deinen Fokus auf dein Herz und darauf, mit der Erdmitte und dem Zentrum des Universums in Kontakt zu treten, und beschenk dich selbst. Versuche, bei der Begegnung mit anderen Menschen weiter im Fluss zu bleiben. Beobachte, was passiert. Fühle nach, wie lange du ganz bei dir gewesen bist. Waren es vielleicht nur einige Minuten oder gar eine ganze Stunde? Tatest du dich leicht oder hast du den Fokus verloren? Zunächst ist es mühsam, doch es lohnt sich: Stell dir vor, du gehst von der Arbeit heim und bist kein bisschen müde. Du sprühst vor Energie und kannst sie auf all die Dinge im Leben verwenden, die du wirklich wertschätzt. Wäre das nicht herrlich?

Verliere nicht den Mut, falls du den Energiefluss nicht so schnell den ganzen Tag lang aufrechterhalten kannst. Dafür gibt es eine hilfreiche Technik: die sogenannte Ablösung. Wir wollen sie dir im letzten Kapitel beibringen. Doch zuerst darfst du deinen Schutzengel begrüßen.

Stell dir vor, du gehst von der Arbeit heim und bist kein bisschen müde. Du sprühst vor Energie und kannst sie auf all die Dinge im Leben verwenden, die du wirklich wertschätzt.

Jeder Engel spiegelt einen Aspekt
der universellen Liebe wider.

Engel

**JEDER HAT
SEINEN EIGENEN
SCHUTZENGEL**

Engel – diese liebevollen Lichtwesen gibt es in jeder Religion. Unser Wort »Engel« leitet sich vom griechischen *angelos* her und bedeutet »Bote« oder »Botschafter«. Sie haben eines gemeinsam: Sie haben Flügel. In der christlichen und jüdischen Tradition begegnen wir neben den »normalen« Engeln auch Erzengeln, Seraphim (sechsflügelige Engel mit Menschenkörper) und Cherubim (Engel von höherem Rang). Der Islam nimmt mit den »Hamalat al-Arsh«, »Karibuyin« (Cherubim) und »Erzengeln« eine im Wesentlichen gleiche Einteilung vor. Im Hinduismus und Buddhismus nennt man die Engel oder überirdischen Wesen »Devas«. Die alten Ägypter stellten ihre Götter oft mit Flügeln dar. In der altpersischen Religion des Zoroastrismus hießen sie »Amesha spentas« und »Yazatas«. Die Anhänger Zarathustras (Zoroasters) kennen zudem eine Wesenheit, die man durchaus mit einem Schutzengel assoziieren könnte: »Fravashi« oder »Fravahar«. Dieses Phänomen gibt es auch in den römischen Mythen, wo jeder Mensch einen Schutzgott oder -geist hat: »Juno« für die Frauen und »Genius« für die Männer. Der Islam teilt jedem Menschen zwei Schutzengel zu: einen, um die guten Taten festzuhalten, und einen weiteren, der die Missetaten aufzeichnet.

EIN ASPEKT DER UNIVERSELLEN LIEBE

Jeder Engel spiegelt einen Aspekt der universellen Liebe wider. An sich kann jeder Mensch genauso leicht Kontakt mit den Engeln aufnehmen wie mit seinem eigenen Herzen – gerade weil das für uns eigentlich völlig natürlich ist. Und genauso, wie wir dazu neigen, uns dem Dialog mit unserem Körper oder unserem Herzen zu sperren, verschließen wir uns auch der Kommunikation mit den Engeln. Doch diese liebevollen Wesen sind trotzdem immer für uns da. Sie können jedem von uns dabei helfen, sich selbst besser kennenzulernen und seinen Weg zu finden, um ein Leben in Liebe und Freude zu führen. Sie können jeden von uns dabei unterstützen, den Weg zu seiner eigenen Großartigkeit zu finden – zu seiner wahren Essenz, zur Kraft der universellen Liebe.

Das einzige Hindernis auf dem Verbindungsweg zu unseren Engeln bilden wir selbst. Doch wenn wir uns entschließen, »Ja« zu sagen und die Engel einladen, an unserem Leben teilzuhaben, antworten sie uns auch. Um das geschehen zu lassen, muss das Ja aber unbedingt von Herzen kommen. Falls du aufrichtig bist und es ehrlich meinst, wirst du schneller Antworten erhalten, als du dir vorstellen kannst.

Wenn wir uns entschließen, »Ja« zu sagen und die Engel einladen, an unserem Leben teilzuhaben, erhalten wir auch Antworten von ihnen.

Danke den
Engeln dafür,
dass sie immer
bei dir sind.

MEDITATION

Lade Engel in dein Leben ein

Schließ die Augen und bekräftige deine Einladung an die Engel mit einem »Ja« von ganzem Herzen, bitte sie, fortan an deinem Leben teilzuhaben.

Frag nach, ob sie dir ein Zeichen für ihre Anwesenheit geben können.

Sag »Ja« als Zeichen dafür, dass du offen bist für die Antworten der Engel, sie verstehen lernen willst – in welcher Form auch immer sie bei dir ankommen.

Danke den Engeln dafür, dass sie immer bei dir sind.

Danke dir selbst dafür, dass du offen bist für die Kommunikation mit den Engeln und auf ihre Worte lauschst.

Jeder Engel hat seinen eigenen Ton, sein eigenes Licht, seinen eigenen Geschmack, seinen eigenen Geruch, sein eigenes Gefühl und seine eigene Farbe – und all das kann er auch in dir erzeugen.

Die Antworten der Engel erreichen uns auf unterschiedliche Weise: Vielleicht liest du »zufällig« etwas in einer Zeitschrift oder es sagt jemand etwas Bedeutsames zu dir; du hörst etwas im Radio oder siehst es im Fernsehen; möglicherweise kommt dir auch mit einem Mal etwas längst Vergessenes in Erinnerung. Es kann eine Feder sein, die dir plötzlich vor die Augen fliegt – ein Mal oder auch öfter. Dein Verstand wird dir wahrscheinlich einreden wollen, die Engel-Antwort wäre keine, sondern »bloßer Zufall«. Unserer Meinung nach liegt dein Verstand da durchaus richtig: Ja, es ist Zufall – ein *göttlicher Zufall*. Und unserer Erfahrung nach geschehen göttliche Zufälle nie zufällig.

Erlaube dir selbst, offen zu sein, ohne dich von dem Erlebnis abbringen zu lassen. Erlaube deinem Verstand nicht, es kaputt zu analysieren, damit du am Ende nicht selbst glaubst, es wäre nichts gewesen. Lass das Erlebnis sein, was es ist: ein Erlebnis. Hab den Mut und schau hin, was passiert, wenn du die Kontrolle über dich selbst nicht hundertprozentig innehast, und erlaube dir, auf die kleinen göttlichen Zufälle im Leben zu achten. Vielleicht »entführen« sie dich an einen Ort, wohin du dich schon lange gesehnt hast?

Die Engel kommunizieren mit uns auf so viele unterschiedliche Arten, wie es Menschen auf der Erde gibt. So wie jeder von uns auf seine einzigartige Weise mit seinem Körper, seinem Herzen, der Erde und dem Universum in Verbindung tritt, so individuell gestaltet sich auch unser ganz persönlicher Kontakt mit den Engeln: Sie erscheinen in den unterschiedlichsten Formen und Gestalten und sind allesamt Aspekte der unerschöpflichen Kraft der universellen Liebe. Folglich besitzt auch jeder Engel seine eigene Frequenz in dieser Kraft. Diese Schwingungsenergie kann sich in Licht, Klang, Geschmack, Geruch, Gefühl oder Farbe manifestieren. Das bedeutet, jeder Engel hat sein eigenes Licht, seinen eigenen Ton, seinen eigenen Geschmack, seinen eigenen Geruch, sein eigenes Gefühl und seine eigene Farbe – und all das kann er auch in dir erzeugen.

Jeder Mensch, dem ein Aspekt der universellen Liebe begegnet, betrachtet ihn aus seinem Blickwinkel, von seinem Standpunkt aus und mit seinem »seelischen Gepäck« auf dem Rücken. Deshalb wird jeder von uns denselben Aspekt der universellen Liebe – oder denselben Engel – unterschiedlich wahrnehmen. Wenn wir mehrere Menschen danach fragen, womit sie die Farbe Rot assoziieren, würden einige sicher sagen »Liebe« oder »Leidenschaft.« Von anderen käme vielleicht »Krieg« oder »Blutbad«, während wieder andere an »Tomate«, »Zorn«, »Aggression« oder »Mamas Nagellack« denken. Und obwohl jeder eine andere Assoziation dazu hat, ist und bleibt es immer dieselbe Farbe.

So verhält es sich auch mit den Engeln. Je weniger du über den Engel weißt, dem du begegnest, desto besser. Denn dann brauchst du nicht erst die gespeicherten Informationen vieler anderer Menschen »durchzukauen«, bevor du deine eigenen Antworten findest. Wie bei den anderen Dialogen auf der geistigen Ebene – gemeint ist die Kommunikation mit dem Körper, dem Herzen, der Erde und dem Universum – kann es auch hier geschehen, dass andere Menschen dir die Gedanken und Muster vorgeben, mit denen du den Engeln begegnen »musst« und dich glauben machen wollen, sie wüssten, wer und wie die Engel sind. Doch niemand außer dir selbst kennt deinen Schutzengel.

Die Engel erscheinen in den unterschiedlichsten Formen und Gestalten: als Licht, als Menschen oder in Tiere, als Engel auf einem Glanzbild oder auch als die Empfindung einer liebevollen Präsenz. Jede Begegnung mit einem Engel ist einmalig. Die Himmelsboten zeigen sich uns immer in genau der Form, in der wir sie im Moment der Begegnung auch annehmen können.

Die Engel erscheinen in den unterschiedlichsten Formen und Gestalten.

Die Engel werden uns immer mit den Augen der Liebe betrachten.

MÄRTHA:

Aus meiner Kindheit habe ich keine Erinnerungen an das Rauschen schützender Flügel, das ein Hinweis auf die Anwesenheit meines Schutzengels hätte sein können. Ich weiß nur, dass meine erste Erinnerung meinem Erwachsenenleben entstammt, als ich ein Buch mit dem Titel »Frag deine Engel« las. Auf einmal nahm ich den Duft von Rosen wahr und spürte eine liebevolle Nähe. Diese liebevolle Nähe hat mich seitdem auf meinem Weg begleitet. Heute weiß ich: Dieses Nähegefühl wird immer bei mir sein.

Die Darstellungen in der bildenden Kunst zeigen Engel oft als Männer oder Frauen mit eindeutig zugeordnetem Geschlecht. Doch in ihrer Eigenschaft als Teile der universellen Energie, als Aspekte der reinen Liebe, sind Engel geschlechtslos oder androgyn, das heißt, sie lassen sich eben gerade nicht eindeutig einem der beiden Geschlechter zuordnen. Demnach kann man dasselbe Himmelswesen als männlichen oder weiblichen Engel betrachten oder auch als beides zugleich. Die Engel erscheinen uns unter anderem deshalb in Menschengestalt, damit wir uns leichter mit ihnen identifizieren können.

Als Aspekte der universellen Liebe haben die Engel auch kein Ego. Daraus folgt: Falls wir je meinen, die Engel seien traurig oder enttäuscht über unser Tun, liegt das daran, dass wir sie nur durch unsere eigene Ego-Struktur und unsere eigenen Gefühle wahrnehmen. Wie könnten die Engel denn von uns enttäuscht sein? Schließlich betrachten sie uns doch von der Warte der Gotteskraft aus – das heißt, von unserem höchstes Potenzial aus. Folglich werden sie uns immer mit den Augen der Liebe sehen und nur in unserer vollen Größe – aus bedingungsloser Liebe heraus.

ELISABETH:

Solange ich mich zurückerinnern kann, habe ich eine Präsenz um mich herum gespürt. In meiner Kindheit hatte ich eine enge Freundin, ich nannte sie Piken (»Mädchen«) und redete und spielte mit ihr. Ich erfuhr sie wie einen liebevollen Schutz, der mir Sicherheit gab. Die Erwachsenen um mich herum zeigten zunächst großzügiges Verständnis für meine »Fantasiefreundin«. Doch als ich älter wurde, änderte sich das. Also begann ich, mich zu verschließen – um mich meiner Umgebung anzupassen. Erst als Erwachsene wagte ich es wieder, mit dieser wundervollen, von Liebe erfüllten Energie in Kontakt zu gehen – mit meinem Schutzengel.

Manchen Menschen erscheint es schwierig, ihrem Schutzengel gegenüberzutreten. Vielleicht glauben sie tatsächlich, die Verbindung mit der göttlichen Sphäre nicht wert zu sein. Möglicherweise vertrauen sie den Ansichten und Informationen anderer Menschen mehr als dem göttlichen Aspekt in sich selbst. Es kann dir als Mensch und auch deiner Seele allerhand abfordern, bis du dich innerlich dazu durchringst, dir eine Begegnung mit einem Engel zu erlauben.

Der Schutzengel übernimmt die Rolle deines Spiegels, der dir stets deine Kraft und Größe zeigt, dessen solltest du dir bewusst sein.

Diese Erlaubnis gibst du dir erst dann, wenn du den Mut aufbringst, dich mit deiner eigenen inneren Größe zu konfrontieren. Das Paradoxe daran: Wir bemühen uns so sehr, an unser wahres Potenzial zu kommen und zugleich gibt es nichts, wovor wir mehr Angst hätten. Stell dir vor, du bekommst das, was du dir am meisten wünschst. Wen willst du dafür verantwortlich machen? Sich an die Engel zu wenden, bedeutet, das eigene Leben besser in den Griff zu bekommen: Du vertraust auf dich selbst und wagst, deine Träume zu leben. Wie du tief in deinem Inneren weißt, trägst du die Landkarte mit dem richtigen Weg in dir. Die Engel sind liebevolle und umsichtige »Lebenswegweiser«. Vielleicht bist du ja inzwischen an dem Punkt angelangt, wo du die Verantwortung für dein Leben selbst übernehmen kannst?

Wenn du jetzt die Verbindung zu deinem Schutzengel wieder aufnimmst – wir wagen damit die Behauptung, du habest früher bereits einen solchen Kontakt gehabt –, sollst du eines wissen: Was auch immer geschieht, was auch immer du erlebst – es ist richtig für dich. Deine Erfahrung mit deinem Engel wird davon geprägt sein, wo auf deinem Lebensweg du dich gerade befindest – mit all dem »Seelengepäck«, das du in diesem Augenblick mit dir herumschleppst. Denk also daran, es gibt verschiedene Arten der Kommunikation mit einem Engel: Etliche riechen einen Duft, einige verspüren etwas wie einen Windhauch an der Stirn, am Kinn oder an einem anderen Körperteil. Die Nächsten nehmen eine leichte Berührung wahr, sehen Konturen oder Farben. Wieder andere hören Klänge oder einen Engelschor. Manche fühlen ein Prickeln auf der Haut. Ein paar Menschen wissen einfach, dass ihr Schutzengel da ist. Vielleicht erlebst du seine Anwesenheit als eine Kombination allen dessen? Es existieren keine Regeln. Es zählt ausschließlich dein Erleben. Erlaube dir selbst, dich und alle möglichen Erfahrungen voll und ganz zu akzeptieren.

Sich an die Engel zu wenden, bedeutet, das eigene Leben besser in den Griff zu bekommen: Du vertraust auf dich selbst und wagst, deine Träume zu leben.

MEDITATION

Begegne deinem Schutzengel

Setz dich aufrecht und bequem hin, schließ die Augen und atme einige Male tief ein und aus.

Lass alles los, was du getan hast oder noch tun willst, und komm ins Hier und Jetzt.

Lass deine Aura eine Armlänge von deinem Körper entfernt einrasten.

Spür hin, wo in deinem Körper du dich gerade befindest.

Frag dein Herz, ob es dir etwas erzählen möchte.

Nimm mit deinem Herzen Kontakt zum Herzen der Erde auf, nimm mit deinem Herzen Kontakt zum Herzen des Universums auf und lass alle drei Energien sich in deinem Herzen vereinen. Stelle eine Ganzheit her, bilde einen Kanal, mach dein Herz zum Bindeglied zwischen dem Herzen des Universums und dem Herzen der Erde.

Lass zu, dass sich dein Körper und deine Aura aus deinem Herzen auffüllen.

Nimm dir eine Weile Zeit, dich selbst auf diese Weise zu beschenken.

✿ ✿ ✿

Beginne, dir deines Schutzengels bewusst zu werden.

Wo befindet er (oder sie) sich – bezogen auf dich selbst: Steht dein Schutzengel vor dir, hinter dir oder an deiner Seite?

Ist dein Schutzengel dir nahe? Oder ist er weit weg?

Bitte ihn, sich direkt vor dich hinzustellen und sich dann langsam im Kreis zu drehen, damit du ihn von allen Seiten betrachten kannst. Welche Farbe hat er? Ist er weiblich oder männlich? Hat er einen Klang? Überkommt dich ein besonderes Gefühl? Nimmst du einen bestimmten Geruch wahr? Oder weißt du einfach, dass er da ist?

Frag deinen Schutzengel, ob er dir etwas sagen möchte.

*Sieh nach, ob er etwas in einer Hand oder in beiden Händen hält oder ob seine
Hände leer sind.*

Hält er etwas in den Händen, erkundige dich, wozu es gedacht ist.

*Stell ihm zum Schluss die Frage, wo und wann du am besten mit ihm
kommunizieren kannst.*

❀ ❀ ❀

Danke deinem Schutzengel für die Begegnung und lass los, was du erlebt hast.

Doch behalte dir das Wissen, dass dein Schutzengel immer um dich sein wird.

*Lass alles, was du während der Meditation erlebt hast, in deinen Erdungskanal
hinuntergleiten. Lass los.*

*Geh mit dem Bewusstsein in dein Herz, nimm von dort aus mit der Erde und
dem Universum Verbindung auf.*

*Fülle dein Herz, deinen Körper und deine Aura mit Energie auf, lass den
Überschuss dann bis ins Zentrum der Erde hinabfließen.*

*Nimm dir vor, dich auch nach dem Abschluss dieser Meditation weiterhin selbst
zu beschenken.*

*Danke dir selbst, deinem Körper und deinem Herzen für die Schritte, die du
jetzt getan hast.*

Wenn du bereit bist, öffne die Augen wieder.

Vertraue dem, was auf dich zugekommen ist – was auch immer es gewesen sein mag.

Ist es dir überraschend leicht gefallen, den Kontakt wieder aufzunehmen, oder fandest du es schwierig? Hast du gar nichts gespürt? Wirkten die Eindrücke sehr machtvoll   vielleicht gar überwältigend? Oder lagen deine Empfindungen irgendwo dazwischen?

Vergiss nicht: Hierbei handelt es sich um deine ganz persönlichen Begegnungen mit deinem Schutzengel. Akzeptiere alles, gleich, was geschieht. Tauch ganz in das Erleben ein. Was immer sich ereignen oder ereignet haben mag – es ist vollkommen, denn es zeigt dir, wo in deinem Leben du gerade stehst. Manchem Menschen erscheint eine solche Begegnung so vertraut und nah – als meldete sich ein guter Freund, zu dem der Kontakt verloren gegangen war, plötzlich in seinem Leben zurück. Und jetzt erst kommt ihm zu Bewusstsein, wie sehr er den Freund vermisst hat! Andere wiederum erleben die Begegnung mit ihrem Engel als ganz neue Bekanntschaft. Solltest du gar keine Wahrnehmungen gehabt haben, ist auch das völlig in Ordnung. Vielleicht *wusstest* du in deinem Inneren dennoch, dass dein Schutzengel da war. Vielleicht *wusstest* du, wie dein Schutzengel aussieht. Vielleicht hast du auch *nur vorgegeben* zu wissen, wie dein Schutzengel aussieht? Dagegen ist auch nichts zu sagen. Vertraue dem, was auf dich zugekommen ist – was auch immer es gewesen sein mag. Es war und ist gut so. Du hast deine individuelle Art der Kommunikation mit deinem Engel und andere die ihre. Vertrau auf dich selbst und geh davon aus, dass du deinem Schutzengel tatsächlich begegnet bist.

DER KONTAKT VON HERZEN

Schutzengel können dir nicht nur mit Hinweisen und Impulsen für deinen Alltag zur Seite stehen, sondern dir auch helfen, loszulassen: alte, dich immer noch beeinflussende Erinnerungen, störendes Alltagsgeschehen und alles andere, wovon auch immer du dich sonst noch verabschieden möchtest. Die folgende Meditation funktioniert auf dieselbe Art und Weise wie die Kommunikation mit der Erde: Indem du mit deinem Herzen in Verbindung zum Herzen deines Schutzengels trittst, kannst du dich von unerwünschten Energien befreien und erhältst im Gegenzug dafür göttliche Liebe.

Du hast deine individuelle Art der Kommunikation mit deinem Engel und andere die ihre. Vertrau auf dich selbst und geh davon aus, dass du deinem Schutzengel tatsächlich begegnet bist.

MEDITATION

Loslassen mithilfe deines Schutzengels

Setz dich aufrecht und bequem hin, schließ die Augen und atme einige Male tief ein und aus.

Lass alles los, was du getan hast oder tun willst, und komm ins Hier und Jetzt.

Lass deine Aura eine Armlänge von deinem Körper entfernt einrasten.

Spür hin, wo in deinem Körper du dich gerade befindest.

Sollten dir dabei Widerstände begegnen, atme sie aus und atme dafür mehr von dir selbst und deiner eigenen Energie ein.

Leg eine oder beide Handflächen auf dein Herz.

Erfühle bewusst deinen Herzschlag im Körper.

Frag dein Herz, ob es dir etwas mitteilen möchte.

Nimm mit deinem Herzen Kontakt zum Herzen der Erde auf, nimm mit deinem Herzen Kontakt zum Herzen des Universums auf und lass alle drei Energien sich in deinem Herzen vereinen.

Fülle dein Herz, deinen Körper und deine Aura mit Energie auf, lass den Überschuss dann bis ins Zentrum der Erde hinabfließen. Nimm dir eine Weile Zeit, dich selbst auf diese Weise zu beschenken. Gib alles frei, was in dein Bewusstsein hochsteigt, und lass es in deinen Erdungskanal hinuntergleiten.

✱ ✱ ✱

Bitte deinen Schutzengel, sich vor dich zu stellen.

Konzentriere dich auf dein Herz und nimm mit Leichtigkeit wahr, wie es dir eine Farbe oder ein Licht zeigt. Lass diese Lichtfarbe bewusst aus deinem Herzen strahlen, wenn du dem Herzen deines Schutzengels begegnen willst. Damit verstärkst du die Verbindung zwischen dir und deinem Schutzengel.

Lass die Farbe weiter aus deinem Herzen strahlen und öffne dich dem Energiestrom, der von deinem Schutzengel auf dich übergeht. Orientiere dich am Pulsschlag oder Rhythmus, der in dem Kanal zwischen Erde und Universum entsteht, und worin dein Herz den Mittelpunkt bildet: Erzeuge mit derselben Frequenz nun den Fluss zwischen dir und deinem Schutzengel.

Beobachte und spür hin, ob der Kanal und die Verbindung zwischen dir und deinem Schutzengel in der Mitte oder anderswo aufeinandertreffen. Verabschiede mit dem Ausatmen alle Widerstände, atme mit dem Einatmen mehr von dir selbst und deiner eigenen Energie ein und lass die Verbindung sich ausdehnen.

Frag dein Herz, ob es jetzt etwas loslassen möchte.

Lass alles Dementsprechende aus deinem Herzen los und sende es als Lichtstrahl von deinem eigenen Herzen zum Herzen deines Schutzengels.

Wie du weißt, verwandeln die Engel alles in Liebe und Dankbarkeit und senden es dir in Form von Liebesenergie zurück.

Bleib eine Zeit lang in diesem Fluss, in diesem Austausch von Energien.

✽ ✽ ✽

Danke dir selbst für die Schritte, die du jetzt getan hast, und danke deinem Schutzengel für die Begegnung.

Lass deinen Schutzengel los.

Geh mit dem Bewusstsein in dein Herz und erfühle deine Verbindung mit der Erde und dem Universum.

Fülle dein Herz, deinen Körper und deine Aura mit der Energie aus dieser Verbindung auf und lass den Überschuss dann bis ins Zentrum der Erde hinabfließen.

Nimm dir vor, dich auch nach dem Abschluss dieser Meditation weiterhin selbst zu beschenken.

Danke dir selbst, deinem Körper und deinem Herzen für die Schritte, die du jetzt getan hast.

Wenn du bereit bist, öffne die Augen wieder.

Von jetzt an kannst du Kontakt zu deinem Schutzengel aufnehmen, wann immer dir danach zumute ist. Du wirst sehen, die Kommunikation mit deinem Engel ist genauso einfach wie die mit deinem Herzen: Du kannst immer und überall mit ihm sprechen – entweder mithilfe der vorangegangenen Meditation oder auf deine ganz persönliche Art. Wenn du bereit bist, dich auf deine Lebensreise zu begeben, bei der deine Kraft und dein persönliches Potenzial im Mittelpunkt stehen, dann nimm deine Engel mit.

Lass ab jetzt deinen Schutzengel an deinem Leben teilhaben, hör ihm gut zu und achte auf mögliche Zeichen. Danke ihm wie auch dir selbst und erlaube dir, in Liebe zu dir selbst zu leben – das ist ganz wesentlich! Wenn du in Liebe zu dir selbst lebst, willst du nur das Beste für dich. Auf diese Weise manifestierst du ein Leben voller guter Ereignisse und Erfahrungen – für dich selbst und in der Gemeinschaft mit anderen. So wirst du das Leben führen, das du dir wünschst.

Wenn du in Liebe zu dir selbst lebst, willst du nur das Beste für dich.

ABENDGEBET

Abends will ich schlafen gehn,
dreizehn Engel um mich stehn,
zwei zu meiner Rechten,
zwei zu meiner Linken,
zwei zu meinem Haupte,
zwei zu meinen Füßen,
zweie, die mich decken,
zweie, die mich wecken,
einer, der mich weist
zu's Himmels Paradeis.

Henrik Wergeland (1808–1845)

Deutsche Übersetzung in Anlehnung an den
Abendsegen aus der Humperdinck-Oper »Hänsel
und Gretel« bzw. aus »Des Knaben Wunderhorn«

Die Ablösung

DU BIST DU
UND ICH BIN ICH

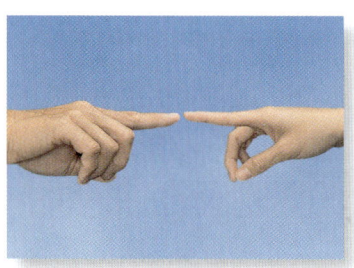

AN DIESEM PUNKT SIND WIR SCHON FAST AM ZIEL UNSERER GEMEINSAMEN REISE ANGEKOMMEN. Aber eben nur *fast*. Zum guten Ende haben wir dir eine einfache Übung aufgehoben. Sie soll dir nach Dienstschluss dabei helfen, deine Arbeit hinter dir zu lassen, anstatt sie mit nach Hause zu nehmen. Auf diese Weise bewahrst du dir deine Energie, obwohl du den Tag über ständig etwas von dir selbst an andere abgegeben hast. Die Übung ist ganz einfach, es kann sie wirklich jeder ausführen. Zugleich ist sie so wirkungsvoll, dass sie unseres Erachtens auf den Lehrplänen für alle Berufe stehen sollte, in denen man mit Menschen umgeht oder Menschen behandelt. Sie ist Heilern und Friseuren gleichermaßen nützlich, Kellnern wie Busfahrern, Verkaufs- und Flugpersonal, Lehrern und Ärzten. Weshalb? Weil sie dir hilft, das zurückzuerhalten, was dir gehört und was du in Behandlungen, Schulstunden oder anderen Tätigkeiten im Lauf des Tages losgeworden bist: deine Energie. Zugleich eröffnet unsere Übung dir die Möglichkeit, das zurückzugeben, was du dir von anderen geholt hast: ihre Energie.

ENERGIESPENDER UND ENERGIERÄUBER

Wir leben in einem kontinuierlichen Energieaustausch miteinander. Immer, wenn wir mit Menschen zu tun haben, geben und nehmen wir. Im Großen und Ganzen geschieht das zwar unbewusst, doch empfinden wir manche Menschen als Energiespender: Ihre Gegenwart macht uns fröhlich, munter und fit. Andere Menschen hingegen erleben wir als Energieräuber: Ihre Nähe kann uns deprimieren, außerdem zapfen sie unser Kraftreserven an. Mitunter kann ein Energieaustausch allen nutzen und ihnen einen Zuwachs an Energie bescheren: Alle erhalten einen Energieschub, bekommen Inspirationen und Ideen, die wieder neue Ideen hervorbringen. Doch kann auch das Gegenteil eintreten: Nach einem solchen Zusammentreffen wirst du frohe und heitere Gesichter meist vergeblich suchen. In beiden Fällen nimmst du Energie auf oder gibst Energie an andere ab. Wahrscheinlich wirst du hinterher weiter an die Begegnung denken – unabhängig davon, ob sie dich eher ermüdet oder aufgeheitert hat. Vielleicht geht dir unablässig im Kopf herum, was du hättest sagen sollen, jedoch nicht gesagt hast, und was du beim nächsten Mal sagen könntest, wenn du dich in einer ähnlichen Situation befindest. Wäre es anders nicht schöner für dich? Lass die Arbeit Arbeit sein und konzentriere dich auf die wichtigen Dinge, die dich zu Hause erwarten. Dabei soll dir die folgende einfache Übung helfen, wir haben sie »Ablösung« genannt.

»Ablösung« soll heißen: Fremde Energien ausleiten und an die anderen Menschen zurückgeben – und sich seine eigenen Energien von den anderen zurückholen.

»Ablösung« soll heißen: Fremde Energien ausleiten und an die anderen Menschen zurückgeben – und sich seine eigenen Energien von den anderen zurückholen. Du hast die Botschaft sicher verstanden, die wir dir in beinahe jedem Kapitel haben zukommen lassen: Unseres Erachtens solltest du unbedingt deine eigenen Informationen sammeln. Falls du dir neues Wissen aneignen willst, dabei jedoch in der Auffassung deines Lehrers über das Gelernte steckengeblieben bist, hast du dir keine eigene Meinung gebildet, sondern die deines Lehrers übernommen. Das bringt dich nicht weiter. Das gilt im Übrigen auch für dieses Buch: Wenn du in Kontakt mit deinem Körper, deinem Herzen, der Erde, dem Universum und deinem Schutzengel trittst, dabei aber alles genauso siehst wie wir beide, die Autorinnen dieses Buches, dann hast du dir auf diesem Gebiet kein eigenes Wissen erworben und orientierst dich nicht an deinen eigenen Erfahrungen, sondern an unseren.

Es fällt uns nicht leicht, die Vorstellungen, Informationen und Energien anderer wegzuschieben, »außen vor« zu lassen. Viele von uns sind mit dem Gedanken groß geworden, alle anderen wüssten alles besser als sie. Bevor wir in die Schule kommen, wissen Mutter und Vater alles besser als wir. In der Schule wissen die Lehrer alles besser als wir. Wir lernen aus Schul- und Sachbüchern. Alles, was wir auf theoretischem Gebiet lernen, lernen wir von anderen.

Sandra hielt die Energien anderer Menschen fest. Immer, wenn sie versuchte, sich davon zu befreien, waren sie blitzschnell wieder da. Eines Tages erschien ein Bild vor ihrem inneren Auge: Sie sah sich selbst als Mülltonne, die mit dem Abfall anderer Leute vollgestopft war. Und erst dadurch begann Sandra zu begreifen: Sie hatte von klein auf die Frustration und den Schmerz anderer Menschen übernommen und dabei immer das Gefühl gehabt, sie könnte das alles leichter ertragen als andere.

Sie gehörte zu denjenigen, die ihren Mitmenschen die Lasten abnehmen, weil es ihnen gut gehen soll. Dadurch erlebte Sandra das Gefühl, für andere wichtig und wertvoll zu sein. Sie war immer da und hörte sich geduldig die Probleme ihrer Freunde an, die Sandra mit Begeisterung ihr Herz ausschütteten. Alle schwärmten, wie wohltuend es sei, mit ihr zu reden. Sandra selbst besaß immer weniger Energie, stattdessen litt sie zunehmend unter körperlichen Schmerzen. In Wahrheit hatte sie durch das Festhalten der Energien anderer ihren eigenen Wert erfahren. Vielleicht war es dann ja gar nicht so merkwürdig, dass sie sich nicht davon trennen wollte?

Von jenem Tag an, als Sandra ihren eigenen Wert entdeckte, gelang es ihr auch, die fremden Energien loszulassen und darauf zu vertrauen, geliebt zu werden – einfach so, weil sie es wert ist.

Es gibt viele Gründe, die Energien anderer Menschen festzuhalten. Im Allgemeinen tun wir das, um unsere eigene Schwäche zu kaschieren. Menschen wie Sandra glauben, so wie sie sind, nicht liebenswert zu sein. Deshalb versuchen sie mit anderen Mitteln, die Gunst anderer zu gewinnen.

Es gibt viele Gründe, die Energien anderer Menschen festzuhalten. Im Allgemeinen tun wir das, um unsere eigene Schwäche zu kaschieren.

Mit jedem Mal, wo ihr das gelungen war, hatte Sandra sich weiter von sich selbst entfernt und immer mehr Personen in ihre Aura aufgenommen. Die »Ablösung« hat ihr geholfen, das ihrem Verhalten zugrunde liegende Thema aufzudecken. Sollte dir die Ablösung nicht sofort gelingen, spür hin, wo das Hindernis liegen könnte. Du allein kennst die Antwort, und es lohnt sich, ehrlich zu dir selbst zu sein, wenn du in deinem Inneren auf Entdeckungsreise gehst.

Es ist wichtig, sich energetisch auch von den Menschen zu lösen, mit denen man durch persönliche oder verwandtschaftliche Beziehungen verbunden ist. Du kennst vielleicht das Gefühl, völlig erschöpft von einem Familienfest heimzukommen, obwohl es an sich nett war. In diesem Fall hast du höchstwahrscheinlich die Energie einiger Menschen in deiner Aura von der Feier mit nach Hause genommen. Du musst dich energetisch auch von deinem Ehepartner, von deinen Geschwistern, Kindern und Enkelkindern, Eltern und Großeltern, Tanten und Onkeln, Freundinnen und Freunden lösen. Einfach von allen Menschen, mit denen du im Lauf des Tages zu tun hattest. Jetzt wirst du vielleicht denken: Es kann doch nicht richtig sein, mich von meinen Kindern oder meinem Ehepartner zu lösen – und ebensowenig von meiner besten Freundin oder meinem besten Freund. Oh doch, denn dein Körper kann auch die Energien der Menschen, die du liebst, nur unter großen Mühen tragen. Oder gar die derjenigen Menschen, die du deinem Gefühl nach lieben *solltest*, obwohl du sie eigentlich gar nicht magst, und die dennoch in deiner Aura sind. Und dabei handelt es sich eben nicht um deine Energie, sondern um die der anderen. Wie wir oben schon ausgeführt haben: Genauso wie dein Körper *dein* Blut braucht, kann ausschließlich *deine eigene Energie* deinen Körper nähren.

Die »Ablösung« ist eine sehr einfache, schnelle und dabei sehr effiziente Übung. Sie hilft dir, den Stress, die Hektik und die Energien anderer bei den betreffenden Menschen zu lassen. Du brauchst dich dabei nicht einmal auf eine bestimmte Person zu konzentrieren, sondern kannst dich gleichzeitig energetisch von so vielen Menschen lösen, wie du willst. Die Übung lässt sich prima abends kurz vor dem Einschlafen oder nach der Arbeit, nach einer Feier, nach einem Essen oder dergleichen ausführen. Wer mit Kunden, Klienten oder Patienten umgeht, sollte die Ablösungsübung sinnvollerweise nach jedem Kontakt mit einer Person machen – sobald du etwas Routine darin hast, dauert sie nur ein paar Sekunden.

Du kennst vielleicht das Gefühl, völlig erschöpft von einem Familienfest heimzukommen, obwohl es an sich nett war.

MEDITATION

Die Ablösung

Setz dich aufrecht und bequem hin, schließ die Augen und atme einige Male tief ein und aus.

Lass deine Aura eine Armlänge von deinem Körper entfernt einrasten.

Spür hin, wo in deinem Körper du dich gerade befindest.

Wenn dir dabei Widerstände begegnen, atme sie aus und atme dafür mehr von dir selbst und deiner eigenen Energie ein.

Leg eine oder beide Handflächen auf dein Herz. Erfühle deinen Herzschlag im Körper bewusst mit den Händen.

Frag dein Herz, ob es dir etwas mitteilen möchte.

Nimm mit deinem Herzen Kontakt zum Herzen der Erde auf, nimm mit deinem Herzen Kontakt zum Herzen des Universums auf und lass alle drei Energien sich in deinem Herzen vereinen.

Fülle dein Herz, deinen Körper und deine Aura auf mit der Energie aus dieser Verbindung und lass den Überschuss dann bis ins Zentrum der Erde hinunterfließen.

Geh nun in Kontakt zu deinem Schutzengel.

Stell dir vor, du legst einen starken Magneten außen an deiner Aura an, der alle fremden Energien dort herauszieht – auch fremde Farben, die du dir vielleicht für eine Weile ausgeliehen hast. Diese fremden Energien und Farben können zu anderen Personen gehören, zu etwas, das du gesehen, gehört oder erlebt hast, vielleicht bilden sie auch eine Kombination allen dessen.

Falls die Energie nicht loslassen will, stell dir einen Regler vor, mit dem du die Kraft des

Magneten immer stärker werden lässt.

Sieh, höre, spüre und wisse: Der Magnet zieht nun all die fremden Energien aus dir und

deiner Aura heraus.

Stell dir nun vor, wie dein Schutzengel den Magneten fortträgt,

und wisse, dass die Energie gereinigt zu dir zurückkehren wird.

Leg jetzt im Geist einen neuen Magneten an deiner Aura an. Dieser Magnet wirkt

in der Gegenrichtung: Er zieht die Energien wieder zu dir zurück, die du bei anderen

Menschen gelassen hast, wie auch deine Farben, die du für eine Weile ausgeliehen

hast. Auch die Wirkung dieses Magneten kannst du – falls nötig –

mit dem Regler verstärken.

Lass zu, dass dein Schutzengel dir deine Energien zurückgibt, und wisse,

dass sie gereinigt sind.

Richte deine Aufmerksamkeit wieder auf dein Herz und seine Verbindung mit dem

Herzen der Erde und dem Herzen des Universums.

Danke dir selbst, deinem Körper und deinem Herzen für die Schritte, die du getan hast.

Danke deinem Schutzengel, der Erde und dem Universum.

Wenn du bereit bist, öffne die Augen wieder.

Jetzt sind wir am Ende unseres gemeinsamen Weges angelangt. Du bist dir selbst begegnet – in der Kommunikation mit deinem Körper, deinem Herzen, der Erde, dem Universum und deinem Schutzengel. Hoffentlich hast du etliche amüsante, inspirierende und seelenerfrischende Begegnungen mit dir selbst erlebt! Jetzt liegt es an dir, die Verantwortung für dich zu übernehmen und das Gelernte anzuwenden, um so Meisterin oder Meister deines Lebens zu werden. Du hast die Chance, auf deinem Lebensweg das Steuer in die eigenen Hände zu nehmen – frei und selbstbestimmt, nicht mehr von den Gedanken, Mustern oder Gefühlen anderer gelenkt. Lass das Leben auf dich zukommen – in Liebe zu dir selbst, und nimm es mit offenen Armen an.

Viel Glück auf deinem Weg!

Tipps und Ratschläge für Meditierende

FÜR DICH ALS ANFÄNGER

Falls du früher nur selten oder bislang noch gar nicht meditiert hast, haben wir hier ein paar nützliche Tipps für dich:

Ein ruhiger Raum

Es ist sinnvoll, immer am selben Platz zu meditieren. Schaffe dir daher einen Ort der Stille, um dich selbst besser kennenzulernen. Das könnte ein Sessel im Wohn- oder Schlafzimmer wie auch ein Stuhl in deinem Büro sein. Du kannst während der Meditationen auch eine Kerze brennen lassen. Gestalte den Raum einfach und zugänglich. So bekommst du Routine, während du die Meditationen lernst. Hast du die Übungen erst einmal in dich integriert, wird es dir leichtfallen, sie an jedem beliebigen Ort auszuführen, gleich, wo du bist – sogar im Bus, im Stau oder beim Einkaufen.

Die Meditations-CD

Während wir, Märtha Louise und Elisabeth, neue Meditationen lernten, mussten wir oft unterbrechen und in den Büchern nachsehen, weil wir zwischendurch vergessen hatten, wie der nächste Schritt ging. Auf diese Weise gleitet man aus dem meditativen Zustand heraus und gewinnt nicht dieselbe tiefe Erfahrung und Freude, wie sie sich sonst einstellen. Daher haben wir alle in unserem Buch enthaltenen Meditationen auf eine CD sprechen lassen. Du kannst natürlich auch jemanden bitten, dir die Texte vorzulesen oder sie selbst lesen und dabei aufnehmen.

Um nicht durch das Auswendiglernen der einzelnen Schritte oder ständiges Nachlesen im Buch von der jeweiligen Meditation abgelenkt zu werden, hör sie dir doch einfach an.

MIT ANDEREN MEDITIEREN

Gemeinsames Meditieren mit anderen kann durchaus vorteilhaft sein. Denn oft findet man kaum die Muße, sich hinzusetzen und über längere Zeit hinweg selbst durch die Meditationen durchzuarbeiten. Zu zweit oder zu dritt geht das leichter und ihr könnt euch dabei auch gegenseitig motivieren. Höchstwahrscheinlich erlebst du deine Meditation anders als deine Freundinnen oder Freunde. Sei neugierig auf deine Begegnungen! Experimentiere! Und am allerwichtigsten: Hab Geduld mit dir selbst!

Übrigens können wir unsere Themen bei anderen wiedererkennen, doch keiner reist mit dem identischen »Seelengepäck«. Wir alle gehen mit Widerständen, Traumata, Freude und Höhenflügen auf unterschiedliche Weise um. Was auch immer du erlebst: Sei dabei! Vertrau auf eines: Das, was du erlebst, ist das Richtige für dich – unabhängig davon, was es ist oder was die anderen erleben. Es mag für dich etwas problematisch sein, wenn du gar nichts erlebst, während dein Meditationspartner eine ganze Menge spürt. Doch das spielt wirklich keine Rolle. Du machst es deswegen nicht schlechter. Wir sind nicht alle gleich. Und das ist gut so.

Immer wieder neue Erlebnisse

Wir erleben in den Meditationen jedes Mal etwas anderes – auch wenn es dieselben Meditationen sind. Die Meditationen können dir unter anderem helfen, alte Widerstände oder übernommene Muster loszulassen – vielleicht vollzieht sich in deinem Inneren eine Veränderung, die dir beim nächsten Mal eine neue Erfahrung beschert. Stell dir vor, du trügest mehrere Brillen in unterschiedlichen Farben und Stärken übereinander: Jedes Mal, wenn du einen Widerstand loslässt, setzt du damit gleichsam eine deiner Brillen ab. Auf diese Weise wandelt sich dein Bild von der Welt ganz allmählich. Und irgendwann wirst du die Welt ohne Brille sehen können – so wie nur du sie wahrnimmst, mit deinen eigenen Augen. Deshalb ist es nicht wichtig, wie die Meditation beim letzten Mal war. Entscheidend ist: Sei präsent in allem, was in diesem Augenblick geschieht – und erkunde die Welt von deinem aktuellen Standort aus.

Lebe im Augenblick

Viele Menschen halten sich nur in der Vergangenheit oder in der Zukunft auf. »Wenn ich da oder dort leben würde, dann wäre ich glücklich« – diesen Satz hören wir nur allzu häufig. Oder: »Wenn ich erst aus dieser Wohnung ausziehen, wenn ich bloß dieses Auto, diesen Job, diese Kleider, diesen Partner haben könnte, dann verliefe mein Leben nach Wunsch.« Wir planen, was wir nächste Woche, nächsten Monat oder nächstes Jahr unternehmen wollen, um vom einen zum anderen zu gelangen – und übergehen dabei die Gegenwart des Augenblicks. Damit verpassen wir die Gelegenheit, nachzuspüren, was jetzt gerade geschieht, in diesem Augenblick, *gerade jetzt*.

Deshalb solltest du unbedingt üben, in der Gegenwart zu leben. Erlaube dir loszulassen: Alles was du direkt vor der Meditation getan hast, und alles, was du für hinterher geplant hast.

Deine Begegnung mit dir selbst

Vielleicht hilft dir dieses Wissen weiter: Mithilfe der in diesem Buch beschriebenen Meditationen wirst du dir selbst begegnen, und dabei gibt es kein Richtig oder Falsch. Was auch immer geschehen mag – alles ist gleich gut! Jeder Mensch kommuniziert auf seine ganz persönliche Art mit sich selbst. Einige sehen Bilder, andere nehmen Farben oder Licht wahr. Manche hören Worte, andere haben bestimmte Empfindungen. Ein paar *wissen* einfach, andere erleben, dass gar nichts passiert. Etliche verspüren Wärme, andere das Gefühl von Kälte. Ausschlaggebend ist: Begegne dir selbst mit Akzeptanz, in Aufrichtigkeit und Liebe. Hier und jetzt hast du die Chance, dir selbst ein großes Geschenk zu machen: Wirf alle Richter über Bord und konfrontiere dich in Liebe mit dir selbst – deine sogenannten Schwächen und Fehler eingeschlossen. Erkenne an: So wie du bist, bist du vollkommen in Ordnung.

Indem du dir erlaubst, dir selbst mithilfe dieses Buches zu begegnen, hast du den Boden bereitet, um aus eigener Kraft kleine und große Veränderungsprozesse in Gang zu setzen. Die Begegnungen mit sich selbst sind spannend, herausfordernd und zeitweise auch frustrierend. Aber wenn du sie wirklich wagst, bekommst du unendlich viel zurück.

HERAUSFORDERUNGEN BEI DER MEDITATION

»Ich habe Schwierigkeiten, mich zu konzentrieren«

Das ist ganz normal. Mit dem Meditieren verhält es sich genauso wie mit einem Muskel, der trainiert werden muss: Übung macht den Meister. Hast du vielleicht schon festgestellt, dass dir die letzten Meditationsübungen in unserem Buch leichter gefallen sind als die ersten? Falls nicht, mach einfach weiter. Mit der Zeit wird es einfacher.

»Ich schlafe während der Meditation ein«

Verzweifle nicht – das passiert vielen. Beim Meditieren nimmt die Gehirnfrequenz ab. Die Schlafphasen nennt man Beta-, Alpha-, Theta- oder Deltazustand. Während der Meditation durchlaufen wir diese Zustände im Gehirn genau wie im Schlaf. Diesmal sind wir dabei allerdings wach – und der Körper ist den Wachzustand in diesen Phasen nicht gewohnt. Deshalb fühlt es sich an, als befändest du dich irgendwo zwischen Wachen und Schlafen. Ab und zu wechselst du sogar zwischen beiden hin und her. Das legt sich mit der Zeit, wenn du richtig meditierst. Die Informationen sickern jedenfalls auf die eine oder andere Weise durch. Vertraue einfach darauf.

»Ich habe Schmerzen«

Vielleicht bist du der Meinung, jetzt, wo du die Kommunikation mit deinem Körper endlich aufgenommen hast, sollten die Schmerzen in deinem Körper allmählich verschwinden. Oft tritt jedoch das Gegenteil ein: Der Körper meldet Schmerzen an allen möglichen und unmöglichen Stellen – so, als begreife er plötzlich, dass er jetzt die Chance hat, sich mitzuteilen. Dasselbe läuft bei einem Menschen ab, der seine Tränen vielfach unterdrückt: Bekommt der Betreffende dann einen handfesten Grund zum Weinen, bricht mit einem Mal alles aus ihm heraus. Vielleicht weinen manche Menschen deshalb im Kino besonders viel?

Meditationen verursachen keine neuen Wunden im Körper. Beim Meditieren kannst du dir nicht weh tun. Vielmehr treten diejenigen Verletzungen zutage, die du aus irgendeinem Grund hast unterdrücken wollen – so wie vielleicht auch viele andere Botschaften, die dein Körper dir zu übermitteln versuchte. Doch nun brechen neue Zeiten an: Von jetzt ab wirst du auf deinen Körper und dein Herz lauschen. So kann auch dein Körper »sein Herz erleichtern«, auf Falsches hinweisen – in dem Bewusstsein, dass du bereit bist, seine Signale aufzunehmen. So steigen Schmerzen von tief innen an die Oberfläche – vom Unbewussten ins Bewusste.

Jetzt hast du die geeigneten Mittel, um ihnen zu begegnen. Frag deinen Körper nach den wahren Ursachen für deine Schmerzen. Löse die festsitzenden Blockaden auf: Atme sie entweder aus und dafür mehr von dir selbst und deiner eigenen Energie ein oder hilf dir mit Tönen. Finde den richtigen Ton für die schmerzende Stelle. Finde den »Schlüsselton«, um loszulassen, und fühle, wie es geschieht. Finde zum Schluss den Ton deiner eigenen Frequenz im betroffenen Bereich.

»Ich vertraue nicht auf das, was ich erlebe«

Wenn du mit dem Meditieren noch wenig Erfahrung hast, wird es für dich vielleicht ungewohnt sein, auf das zu vertrauen, was du erlebst. Wie kannst du wissen, dass dein Erlebnis *wirklich* ist – oder dass es eine Antwort für dich darstellt?

Ganz einfach: Du kannst es nicht wissen. Keiner kann beweisen, dass es sich bei deinen Erlebnissen wirklich um Antworten deines Herzens oder deines Schutzengels handelt. Doch kann auch niemand das Gegenteil beweisen. Und deshalb kannst du genauso gut auf das vertrauen, was du erlebst. Wir haben es in diesem Buch unzählige Male wiederholt: Alle Erfahrungen sind gleich gut. Ganz gleich, welche Botschaft du bekommst: Es sind Informationen für dich über dich selbst – genau jetzt. In einer Stunde kann es schon wieder anders sein. Doch jetzt ist genau das die Art und Weise, wie dein Körper mit dir kommunizieren möchte. Und anstatt es als Fantasie oder Spinnerei abzutun, solltest du versuchen zu verstehen, was dein Körper dir durch dein Erlebnis mitteilen wollte. Gib der Kommunikation eine Chance! Wenn dein Körper begreift, dass du offen bist für die Kommunikation mit ihm, wird seine Sprache mit der Zeit immer deutlicher werden. Vertraue dir! Kein anderer Menschen auf der Welt begegnet sich selbst auf genau dieselbe Art wie du. Deshalb kannst du dich auch nicht mit anderen vergleichen. Eure Erfahrungen sind ebenfalls unterschiedlich. Du kannst auch nicht austesten, ob du es richtig oder falsch gemacht hast, denn: »Richtig« und »falsch« existiert bei diesen Begegnungen und Meditationen nicht. Was da ist, sind deine Erlebnisse bei der Begegnung mit deinem Herzen, dem Herzen der Erde, dem Herzen des Universums und deinem Schutzengel.

»ICH ERLEBE NICHTS«

Vielleicht erlebst du beim Meditieren manchmal, dass sich nichts tut. Du siehst nichts und hörst nichts. Alles ist schwarz oder grau. Du fühlst dich wie gelähmt oder bist ärgerlich, weil du es nicht hinkriegst. Am liebsten würdest du etwas ganz anderes machen und denkst: »Dieses ganze Meditationszeug ist doch richtiger Quatsch.« Erstens kann es doch sein, dass du nichts *siehst*, aber etwas *spürst*: vielleicht einen Druck auf deine Stirn, ein Wärmegefühl in der Brust, Kälte im Bein, Schmerzen im Rücken oder im Kopf oder auch etwas völlig anderes. Spür hin und begegne dem, was auftaucht – was auch immer es ist. Zweitens hegst du möglicherweise eine Abneigung gegen eine bestimmte Übung, weil du in Wahrheit durchaus etwas erlebst, es aber nicht merkst: Du *erlebst* dann, nichts zu erleben. Du erlebst, dass alles schwarz oder grau ist. Du erlebst, dass du ärgerlich bist oder dich wie gelähmt fühlst. Du erlebst, dass die Meditation richtiger Quatsch ist und dass du am liebsten etwas ganz anderes machen würdest. In Ordnung. Dann fragen wir dich: Was hast du in dir, das diese Erfahrung bei dir bewirkt? Gibt es etwas in dir selbst, das du lieber meidest? Vielleicht etwas, das du aus lauter Angst nicht wiederentdecken möchtest? Etwas, wobei du dir geschworen hast, du wollest nie wieder damit zu tun haben?

Wenn du dir selbst begegnest, so wie wir es in diesem Buch beschrieben haben, wirst du damit dir selbst gegenüber gezwungenermaßen aufrichtig sein. Viele Menschen haben die ehrliche Kommunikation mit sich selbst aus unterschiedlichen Gründen aufgegeben – vielleicht, weil sie etwas Schmerzliches erlebt haben und es nicht verarbeiten konnten. Sie müssen abschalten, um zu überleben. Damit brechen sie auch die ehrliche Verbindung zu ihrem Körper, zu ihrem Herzen, zur Erde, zum Universum und zu ihrem Schutzengel ab.

Wenn du diese Kommunikation jetzt allmählich wieder zulässt, stocherst du damit gleichzeitig in dem herum, was du als nicht existent beiseite geschoben hast. Das kann dir Angst einjagen, dich provozieren, lähmen oder dir unheimlich sein, vielleicht empfindest du es jedoch auch ganz anders. Nennen wir es »Abneigung«. Vielleicht empfindest du eine Abneigung dagegen, dich in genau diesem Bereich mit dir selbst zu konfrontieren? Möglicherweise hast du eine Abneigung dagegen, eine bestimmte innere Tür zu öffnen, weil das, was dahinter liegt, so sehr schmerzt? Du weißt nicht, woher diese Abneigung kommt? Verzweifle nicht! Denn inzwischen hast du eine andere Ausgangsbasis, kannst anders mit dem damals erlittenen Schmerz umgehen. Du hast ihn überlebt. Und was dich nicht umbringt, macht dich nur noch stärker. Lass also das, was du in dir unterdrückt hast, sich zu etwas wandeln, woran du wachsen kannst. Wie du daran wächst? Indem du es von allen Seiten beleuchtest, die Begegnung damit wagst und es dann loslässt. So verschließt du es nicht länger vor dir selbst und vor deiner Kommunikation mit all den Hilfsmitteln im Leben. Vielleicht möchtest du die folgende Übung gerne mit einem Menschen deines Vertrauens durchführen, vielleicht fühlst du dich dadurch sicherer.

Nimm einige tiefe Atemzüge. Atme mehr von dir selbst ein und lass die Widerstände los. Danke dir selbst dafür, dass die Widerstände gegenüber deinem Körper, deinem Herzen, der Erdung, dem Universum oder deinem Schutzengel aufgelöst werden – und zwar so langsam oder schnell, wie du die Begegnung mit dem tief in deinem Inneren Verborgenen erträgst. Sei geduldig mit dir selbst.

Sag dir selbst, dass du jetzt bereit bist, den Dingen in dem verschlossenen Raum in Liebe zu dir selbst zu begegnen. Atme den Widerstand aus und mehr von dir selbst und deiner eigenen Energie ein oder arbeite mit Tönen. (Finde den richtigen Ton für die Stelle, wo der Widerstand sitzt. Finde einen Ton als »Lösungsschlüssel« für den Widerstand. Finde zum Schluss den Ton deiner eigenen Frequenz im betroffenen Bereich.)
Geh die als nächstes auftauchende Schicht auf dieselbe Art und Weise an. Wenn du das Gefühl hast, für diesen Tag sei es nun genug, kannst du die Meditation ein andermal wiederholen und sehen, ob sich etwas verändert hat.

Viel Glück!

»ES GELINGT MIR EINFACH NICHT, MICH AUF DAS ZU KONZENTRIEREN, WAS ICH MÖCHTE«

Wir sind es gewohnt, auf unseren Verstand zu hören, auf unsere vorhandenen Erfahrungen, auf den Intellekt, der uns steuert. Durch das Meditieren beginnst du, dich deinem Unterbewusstsein zu öffnen. Dass es dir während der Meditation nicht gelingt, dich auf das zu konzentrieren, was du möchtest, ist prima: Es bedeutet einfach, dass du dabei bist, dich deinem Unterbewusstsein und der Kommunikation mit dir selbst zu öffnen. Es kann gut sein, dass du doch eine Antwort auf deine Frage bekommst, vielleicht nur auf eine andere Weise, als von dir erwartet. Lausche weiter in dich selbst hinein, unkritisch und voller Akzeptanz.

»ICH NEHME MEINEN HERZSCHLAG IM KÖRPER NICHT WAHR«

Alle Menschen kommunizieren auf ihre individuelle Weise mit sich selbst. Einige können ihre Herzschläge im ganzen Körper fühlen, andere fast überhaupt nicht: Vielleicht spüren sie sie nur in ihrer Brust, oder nicht einmal das. Nun, es spielt keine Rolle, was die anderen machen und wie sie ihre Herzschläge wahrnehmen. Du sollst entdecken, wie du selbst deine Herzschläge wahrnimmst. Forsche nach, wo du sie spürst und wo nicht. Verändern sie sich von einem Tag zum anderen? Sind die Herzschläge nie spürbar, oder spürst du sie zwischendurch? Finde es heraus, spiel mit deinen Wahrnehmungen! Hab Spaß daran, dich auf diese Art kennenzulernen.

ERFAHRUNGEN NICHT ERKENNEN ODER UNTERSCHÄTZEN

Oftmals erkennen wir ein Wunder nicht, obwohl es sich direkt vor unserer Nase ereignet. Denn wir begegnen all unseren Erfahrungen mit unserer Ego-Struktur. Möglicherweise geschieht dies aus einer Opferhaltung heraus, wie bei einem vierjährigen Kind, dessen Bedürfnisse nicht befriedigt wurden, oder auch aus Furcht, vor sich selbst als wertlos dazustehen. Doch inzwischen liegen die Dinge anders: Du kannst es dir selbst erlauben, etwas anzunehmen und dir genau das zu schenken, was der Mensch braucht, der du heute bist. Du kannst es dir erlauben, deinen Erfahrungen mit Respekt und Akzeptanz zu begegnen und in Liebe zu dir selbst.

DANKSAGUNG

Wir möchten unseren Kindern danken, die uns jeden Tag neue Aspekte des Lebens zeigen.

Wir danken unseren Ehepartnern für ihre Unterstützung und dafür, dass sie uns zum Weitermachen ermutigt haben.

Wir danken unseren Eltern, dass sie uns die Möglichkeit geschenkt haben, so zu werden, wie wir heute sind.

Wir danken unseren Schülern, die unserem Unterricht treu gefolgt sind und unseren Traum haben Wirklichkeit werden lassen. Ohne sie wäre dieses Buch nicht entstanden.

Wir danken allen, die mit offenem Herzen ihre persönlichen Geschichten beigesteuert haben.

Wir danken Ida Berntsen für ihre sachkundige, warme, positive und geduldige redaktionelle Arbeit.

Wir danken Ingrid Skjæraasen dafür, dass unser Buch noch schöner geworden ist, als wir uns erhofft hatten.

Wir danken Camilla Jensen für die wundervollen Rezepte aus ihrem Buch »Bønner og linser« (»Bohnen und Linsen«).

Wir danken Ulla und Bob Laycock, die das Restaurant »Værtshuset« in Bærums Verk betreiben. Habt Dank für die leckeren Speisen und Eure stets offene Tür.

Wir danken allen Angestellten im »Værtshuset« für ihre Geduld in einem hektischen Alltag.

Wir danken Fredrik Arff, Yvonne Sollihagen und Hilde Moen Alvheim für die lustige und professionelle Fotosession.

Wir danken unseren Models dafür, dass sie die Auraübungen so anschaulich dargestellt haben.

Wir danken »Kjerringløkka« in Lummedalen, dass wir das schöne Feld benutzen durften.

Wir danken allen Menschen, die uns auf unserem Weg etwas Neues beigebracht haben: Ihr wart alle unsere Lehrmeister, auch wenn wir es nicht immer gleich gemerkt haben.

Wir danken unseren Schutzengeln, sie haben uns bestärkt und uns sanft in die richtige Richtung geschoben, wenn wir gezögert haben.

Abschließend danken wir uns selbst für all die Fortschritte, die wir in diesem Prozess gemacht haben.

LITERATURVERZEICHNIS

Angelo, Jack: *Die Heilkraft in dir.* Droemer Knaur 1995

Astell, Christine: *Engel. Weisheit – Heilung – Schutz.* Nymphenburger 2005

Atwater, P.M.H.: *Indigo-Kinder und die neue Zeit ab 2012.* Lüchow 2007

Brown, Simon *Chi Energy Arbeitsbuch. Ein praktischer Leitfaden ganzheitlicher Heilweisen.* Südwest 2005

Carroll, Lee: *Die Indigo-Kinder. Eltern aufgepasst …Die Kinder von morgen sind da.* KOHA 2010

Choquette, Sonia: *Die Aufgaben der Seele: Die göttliche Kraft in dir.* Allegria 2010
    Deine heimlichen Helfer. Das Geheimnis der inneren Stimmen. Allegria 2008
    Medizin für die Seele: 111 Tipps für die innere Balance. Ullstein 2009

Cortens, Theolyn: *Vertraue Deinem Schutzengel. Ein 12-Wochen-Programm.* Edel 2006

Daniel, Alma: *Frag deine Engel. Ein praktischer Ratgeber.* Zweitausendeins 1994

Die drei Eingeweihten (Hrsg. Robert B. Osten): *Das Kybalion.* Aurinia 2009

Emoto, Masaru: *Die Botschaft des Wassers.* KOHA 2002

Emoto, Masaru: *Wasser und die Kraft des Gebets.* KOHA 2010

Kelder, Peter: *Die fünf »Tibeter«: Das alte Geheimnis aus den Hochtälern des Himalaya lässt Sie Berge versetzen.*
    Diverse Ausgaben und Auflagen, etwa Scherz 2002

Lipton, Bruce H.: *Intelligente Zellen. Wie Erfahrungen unsere Gene steuern.* KOHA 2006

Lipton, Bruce H. / Bhaerman, Steve: *Spontane Evolution. Wege zum neuen Menschen.* KOHA 2009

Mayes, Sherron: *Sinnlich und übersinnlich lieben.* Integral 2004

Soskin, Julie: *Mediale Fähigkeiten fördern und nutzen. 70 Techniken zur Entwicklung des inneren Potentials.* Königsfurt Urania 2002

Virtue, Doreen: *Wie oben, so unten. Die Sieben Gesetze des Lebens.* KOHA 2007
    Medizin der Engel: Wie Sie mit Hilfe Körper und Seele heilen können. Ullstein 2004
    Die Kristallkinder. KOHA 2008
    Himmlische Führung. Kommunikation mit der geistigen Welt. KOHA 2008
Williamson, Marianne: *Rückkehr zur Liebe. Harmonie, Lebenssinn und Glück durch »Ein Kurs in Wundern«.* Goldmann 1999
    Das Geschenk der Wandlung. Ein Wegweiser zu persönlichem Wachstum. Goldmann 2006

PRINZESSIN MÄRTHA LOUISE UND ELISABETH SAMNØY
SCHUTZENGEL BEGLEITEN DICH – MEDITATIONEN

»Die Engel sehen uns immer mit den Augen der Liebe an … Sie wollen uns daran erinnern, wer wir in Wahrheit sind – hinter all der Furcht und den übernommenen Glaubensvorstellungen.«

Sanft, einfühlsam und stufenweise führen uns die Meditationen von Prinzessin Märtha Louise und Elisabeth Samnøy hin zum Kontakt mit unseren Schutzengeln. Damit wir diese wundervolle Verbindung vollkommen genießen können, leiten sie uns zunächst an, unseren Körper und unsere Aura zu spüren und uns zu erden. Auf den Reisen ins Energie spendende Zentrum unseres Planeten und ins Antworten schenkende Herz des Universums lösen wir Widerstände auf, lassen fremde Energien los, schöpfen neue Kräfte und gewinnen ein neues Bild unserer selbst als von der universellen Liebe beseelter Menschen.

Die Meditationstexte aus dem Buch »Schutzengel begleiten dich« werden von der Schauspielerin Josefine Merkatz gelesen.
2 CDs, 120 min, € 19,50
ISBN 978-3-3-86728-139-3